Deutsches Archäologisches Institut

Jahrbuch

Deutsches Archäologisches Institut

Jahrbuch

ISBN/EAN: 9783741170584

Hergestellt in Europa, USA, Kanada, Australien, Japan

Cover: Foto ©ninafisch / pixelio.de

Manufactured and distributed by brebook publishing software
(www.brebook.com)

Deutsches Archäologisches Institut

Jahrbuch

JAHRBUCH

DES

KAISERLICH DEUTSCHEN

ARCHÄOLOGISCHEN INSTITUTS

ERSTES

ERGÄNZUNGSHEFT

BERLIN

DRUCK UND VERLAG VON GEORG REIMER

1888

DIE

CALENDERBILDER

DES CHRONOGRAPHEN VOM JAHRE 354

HERAUSGEGEBEN

VON

JOSEF STRZYGOWSKI

MIT 30 TAFELN

BERLIN
DRUCK UND VERLAG VON GEORG REIMER
1888

VORWORT.

Dem Fürsten Barberini sage ich beim Erscheinen meiner Arbeit ehrerbietigen Dank dafür, daſs die Benutzung der Originale und ihre photographische Wiedergabe bereitwillig gestattet wurde; nicht minder bin ich Herrn Hofrath Ritter von Birk dankbar für die Erlaubniſs zur Abbildung einiger Wiener Blätter, so wie den Herren Proff. Robert und Vollgraff für die gütige Vermittelung beim Beschaffen einer Probe aus der Brüsseler Handschrift.

Der Name desjenigen, der mein Unternehmen schon in Rom besonders förderte, wird im Verlauf der Arbeit gebührend hervorgehoben werden. Seit dem Abschlusse meines Manuskriptes in Rom bis zur Umgestaltung desselben in die jetzige Fassung sind nahezu zwei Jahre vergangen; wenn diese Verzögerung der Herausgabe mannigfaltigen Anlaſs zu Verbesserungen gegeben hat, so danke ich das auſser den Herren, welche ich weiterhin an verschiedenen Stellen genannt habe, nicht zum Geringsten auch der vermittelnden Mitwirkung der Redaktion, wovon hier Zeugniſs abzulegen mir Bedürfniſs ist.

Wien im August 1888. J. Strzygowski.

Inhalt.

EINLEITUNG.

Der Chronograph v. J. 354 n. Chr. ist für die Geschichte des antiken sowol wie für die des christlichen Rom öfters behandelt und äußerst fruchtbringend benutzt worden. Einmal waren seine Consularfasten, das Verzeichnis der Stadtpräfecten und die *notitia regionum*, das andere Mal die Ostertafel, das Martyrologium und das Verzeichnis der römischen Bischöfe unschätzbare Quellen der Chronologie. Daß auch die Kunstgeschichte in seinem Calender ein Denkmal, und eines der bedeutendsten der Kunst des vierten Jahrhunderts besitze, ist nicht genügend bekannt. Die Illustrationen desselben werden zwar hie und da im Zusammenhange historischer Betrachtungen über die Sammlung oder gelegentlich einmal, da ein Teil bereits seit dem 17. Jahrhundert publiciert ist, auch in der kunstgeschichtlichen Litteratur gestreift, nirgends aber mit näherem Interesse besprochen. N. Kondakoff's Verdienst ist es sie zuerst in die Kette monumentaler Überlieferung als ein wichtiges Glied eingereiht zu haben, indem er seine 1876 russisch erschienene Geschichte der byzantinischen Kunst und Ikonographie nach den Miniaturen der Handschriften mit unserem Calender beginnt. Mehrere Irrtümer, welche dieses Verdienst nicht beeinträchtigen, sind in der neuerdings erschienenen französischen Übersetzung teilweise verbessert [1]. Durch dieses Buch, dessen Verdeutschung aus dem Russischen ich der mehr als liebenswürdigen Bemühung N. Helbig's verdanke, wurde meine Aufmerksamkeit auf den Calender gelenkt.

Was mich bestimmte ihn auf photographischem Wege zu reproducieren und zum Gegenstande einer Monographie zu machen, das ist vor allem seine Bedeutung für die Frage, in welcher Weise sich der Übergang der antiken Kunst in die christliche vollzogen habe. In den Malereien der Katakomben, den Skulpturen der Sarkophage tritt uns stets nur die sepulcrale Kunst der ersten christlichen Jahrhunderte entgegen, die, vorzüglich beeinflußt durch die Idee einer Auferstehung zum ewigen Leben, sich stets in einem eng begrenzten Kreise bewegt. Es muß daher jedes Denkmal, welches, anderen Impulsen folgend, einen Kreis von Darstellungen bietet, die unabhängig von jenem Ideenkreise entstanden sind, das Kriterium für die Beurteilung der Genesis der christlichen Kunst in hohem Grade erweitern. Der Calender v. J. 354 aber ist ein Werk christlicher Profankunst, seine Bilderreihe verkörpert einen guten Teil der Vorstellungen der Christen des 4. Jahrhunderts dem öffentlichen und täglichen Leben gegenüber.

---

[1]) *Histoire de l'art byzantin considéré principalement dans les miniatures.* Heft I. Paris 1886 in der *Bibl. internat. de l'art.*

Ich bin nicht der erste, welcher, durch die Bedeutung der Zeichnungen angeregt, den Gedanken ihrer Veröffentlichung faßte. Zuerst war es Hieronymus Aleander, nicht der bekannte Cardinal, sondern sein 1574 geborener Enkel gleichen Namens, der sich an Peirese wandte mit dem Ersuchen, ihm eine möglichst getreue Copie des constantinianischen Calenders, wie er damals stets genannt wurde, zu verschaffen. Und Peirese hatte das Glück eine über alle Erwartung reiche Handschrift aufzutreiben, von der er genaue Copien an Aleander schickte: eben die, welche ich publicire. Aleander selbst war nicht dazu gekommen, der Tod hatte seinen Arbeiten im Jahre 1629 ein Ziel gesetzt.

Die Originalhandschrift des Peirese ging verloren, auf die in die Barberina gekommene Copie derselben häufte sich der Staub von mehr als zwei Jahrhunderten. Da war es auch diesem Monumente gegenüber Gio. Batt. de Rossi, der es neuerdings hervorzog und die Publication plante. Wir erfahren darüber durch Mommsen[1]: »Die von Herrn De Rossi beabsichtigte Veröffentlichung dieser Zeichnungen, so wie des Peiresc'schen Briefes ist sehr zu wünschen. Ich benutze diese Gelegenheit um das deutsche Publicum auf einen Gelehrten aufmerksam zu machen, von dem sehr tüchtige Leistungen zu erwarten sind.« Diese Notiz stammt aus dem Jahre 1850; heute wissen wir wer de Rossi ist, und vielleicht ist es gerade die unglaublich reiche und vielseitige Tätigkeit dieses Gelehrten, welche ihn nicht zu der angekündigten Bearbeitung des Calenders kommen ließ. Nur auf die Versicherung seines nunmehr verewigten Freundes Prof. Henzen hin, Herr de Rossi sei viel zu sehr von seinen umfassenden Arbeiten in Anspruch genommen, um an eine Durchführung des alten Planes noch denken zu können, wagte ich mich seinerzeit an die Arbeit. Und als ich damit hervortrat, war Herr de Rossi der erste, welcher mir fördernd entgegenkam. Ihm danke ich unter andern die Abschriften der Peiresc'ischen Briefe, mit Ausnahme des die Zeichnungen begleitenden.

Blieben die Illustrationen auf diese Weise der Kunstgeschichte fremd, so doch nicht der Text des Calenders dem Historiker. Seit dem 16. Jrh. ist derselbe häufig publicirt und commentirt worden[2]; er erschien erst neuerdings wieder in der Sammlung lateinischer Calender im *Corpus inscriptionum latinarum* Bd. I p. 332 ff. Aber im Zusammenhange mit allen übrigen Stücken der Sammlung, welcher er angehört, wurde der Calender erst für den diesen Dingen ferner Stehenden im richtigen Lichte herausgearbeitet durch Th. Mommsen's umfassende Untersuchung über den Chronographen vom Jahre 354[3]. Auf solchem Boden fußend, will ich nun versuchen den Leser mit der Sachlage bekannt zu machen.

Mommsen (S. 560) scheidet unter den Handschriften, welche uns den Calender überliefern, zwei Familien.

I. Das Archetypon der einen ist wahrscheinlich eine Handschrift, von der uns leider nur ein Fragment in Bern (No. 108) aus dem 9. Jahrhundert erhalten ist.

[1]) In seiner gleich zu nennenden Abhandlung S. 551 Anm. 2.

[2]) Mommsen ebenda S. 561 ff.

[3]) In den Abh. d. Kgl. sächs. Ges. d. Wiss. phil. hist. Cl. 1850 S. 548 ff.

Dieses hat von dem Calender einzig das Textblatt zum Monate December übrig, an dessen unterem Rande man in Majuskelschrift liest: *quae sis quam vis annum claudere possis.* Von einer Abbildung findet sich keine Spur.

Aus dieser Handschrift nun, oder einer ihr ganz ähnlichen, stammt eine umfangreiche, zur Zeit, als das Archetypon noch vollständig war, angefertigte Copie der kaiserlichen Hofbibliothek zu Wien (No. 3416). Dieselbe befand sich nach einer Einzeichnung auf Fol. 3a »*Iohis Fursmag. doct.*« ursprünglich im Besitze des kaiserlichen Rates Doctor Johannes Fuxmagen († 1499) und dürfte zu seinen Lebzeiten in der zweiten Hälfte des 15. Jahrhunderts geschrieben sein. Nach einer Notiz am Vorsatzblatte schenkte sie der Bischof Dr. Johann Faber von Wien am 1. September 1540 dem *Collegium S. Nicolai.* Diese Handschrift enthält zwar den Calender nicht vollständig, aber sie gibt uns wenigstens die zwölf Monatsbilder in ununterbrochener Folge und ergänzt so eine empfindliche Lücke der zweiten Handschriften-Familie. Das Titelblatt ist nach dem sogleich zu erwähnenden Stiche des Bucherius ergänzt. Die Zeichnungen, zwölf im Ganzen, sind mehrfach publicirt, zuerst 1665—79 von Lambecius[1] in Stichen von Sadler.

An dieser Stelle möchte ich noch einer dritten Handschrift Erwähnung tun, die uns einige wichtige Stücke des Calenders, welche in allen andern Copien desselben unvollständig erhalten sind, aufbewahrt hat. Das ist der Codex der Bibliothek von S. Gallen No. 878, saec. IX—XI, also entstanden in einer Zeit, in der die Berner Handschrift noch vollständig gewesen sein dürfte. Auf eine nähere Beziehung beider deutet der Umstand, daß der Monatsvers zu dem Textblatte des December hier wie in Bern mit demselben Fehler lautet: *quae sis quam vis annum claudere possis.* Die zweite Handschriften-Familie hat statt *quae* am Beginne *qualis.* Der Codex von S. Gallen weist keinerlei Zeichnungen auf, scheint vielmehr nur Auszüge der neben den verschiedenen Illustrationen angebrachten Beischriften zu enthalten. Herrn De Rossi verdanke ich eine Copie der astrologischen Tagesregeln auf fol. 240, C. Schenkl hat zuerst die fol. 302 befindlichen Monatsdistichen, welche der oben citirte Vers schließt, publicirt[2].

II. Die andere Handschriften-Familie geht ebenfalls zurück auf ein Original des 9. Jahrhunderts. Doch ist dieses heute verschollen. Eine eingehende Beschreibung davon verdanken wir dem genannten Peiresc. An sie anknüpfend werden wir finden, daß diese Handschrift des Peiresc eine weit ausgedehntere bildnerische Ausstattung hatte, als die erste Handschriften-Familie erwarten läßt. Auch von diesem Archetypon sind uns Copien erhalten.

Die eine befindet sich in der kgl. Bibliothek zu Brüssel, in dem Sammelbande 7524—55, von einer Hand des 16. oder 17. Jahrhunderts, und zwar, wie wir von Bucher in *Vet. dequit.* p. 243 erfahren, von der des Paters Herbert Rosweyde. Zu

[1]) *Bibl. Caes. opp. com.* lib. IV addit. 1. Dann von Kollar *Analecta Vind.* 1761 t. I p. 946 ff. Graevius *Thes.* vol. VIII. Montfaucon *Ant. expl. suppl.* t. I pl. VI ff.

[2]) Berichte der Kais. Ak. d. Wiss. zu Wien phil.-hist. Cl. XLII S. 70 und Baehrens PLM I p. 210.

Anfang ist bemerkt: *Fragmentum istud sic descriptum vetustissimis characteribus extat apud Io. Brennerum scultetum senatus Lucemburg.* Über das dieser Copie zu Grunde liegende Original erhalten wir Auskunft durch ein Document, das am Schlusse der Handschrift eingeheftet ist und nach einer von Herrn Mommsen dem Herausgeber dieses Jahrbuchs zur Verfügung gestellten Abschrift lautet:

Attestatio de codice vel potius membrana ex qua haec descripta.

Ego subscriptus habita inspectione memorialis cedulae, per Reverendum patrem D. Zachaeum ect. affin: (sic) Wiltheim, provincialis hujus consilii graphaeo traditae, ubi calendarii cuiusdam antiqui Romani, ac de me etiam fit mentio, declaro pro satisfactione suae Reverentiae, me ante annos plus minus 50 tenuisse, vidisse, legisse inter alia singularia multa quondam domini Joannis Brenneri dum in vivis esset, Regii Secretarii simulque praedicti consilii provincialis actuarii, soceri postea mei observandissimi, fastos quosdam, seu Calendarium Romanum antiquis plane characteribus, in membrana, sex (si bene memini) foliorum, descriptum, sex etiam duntaxat menses complectens, prioresne an posteriores, ob temporis intervallum vix recordor. Memini tamen non obscure, et adhuc in adversariis meis invenio, quod cum anno 1560 mense Augusto ex aula Bruxellensi per amplissimum quondam Privati consilii praesidem dignissimum D. Viglium Zuychemum Regiae suae Majestatis nomine mihi una cum litteris datum esset negotium cum Reverendissimo atque Illustrissimo principe Cardinali a Groesbeck, tunc episcopo Leodicensi, cum domino etiam a Villemont et Montjardin moderni domini avo paterno, ratione Porallea Aqualiens (sic) jam tum atque etiam nunc controversae, ac forte inter prandendum, praesente etiam quondam Domino Carolo Langio, cathedralis ecclesiae canonico, viro sane consummatissimo et antiquitatum apprime studioso, incidisset mentio fastorum Romanorum, me tunc in medium attulisse ac declarasse, vidisse me apud praedictum Joannem Brennerum fragmentum quoddam veteris Calendarii sive fastorum Romanorum, qua de re propterea fui rogatus a praedicto Domino Langio (qui me honoris ergo ad aedes suas deduxit, mihique multa non dissimilia et rara, praesertim vero omnium ab Urbe condita Regum, consulum et Imperatorum numismata majori ex parte aurea et argenteà spectanda ostendit) ut ipsi exemplar sive copiam ejusmodi Calendarii procurare ac transmittere vellem, quod et ego me facturum recepi, et ex ipso autographo copiam ipsi transmisi, remanente postea ac conservato penes D. Joannem Brennerum, adhuc per multos annos originali, ubi deinceps persaepe mihi postea visum ac lectum fuit, donec de eius consensu atque ante annos triginta Anthonius Blanchart questor Bastoniensis, gener ipsius, qui tum Bruxellas negotiorum suorum in aula curandorum causa proficiscebatur, autographum ipsum secum asportaret, atque Domino ab Hassonvilla consiliario piae memoriae pro munere ac favore donaret, ubi illud ipsum adhuc conservari, extare et reperiri posse existimo. Ita se res habet.

Remaclus Huart, u(triusque) i(uris) licent(iatus) Serenis(simi) Archiducis a Consiliis et Archivis Luxemburgen(sibus).

In diesem Zeugnisse gibt demnach Remacius Huart, Archivar in Luxemburg, an, daſs er vor ca. 50 Jahren im Besitze seines Schwiegervaters Johannes Brenners „gewisse Fasten resp. ein römisches Calendarium in sehr alter Schrift auf Pergament gesehen habe, auf sechs Blätter geschrieben und wenigstens sechs Monate enthaltend". Huart trifft ungefähr das Richtige; unsere, wie die Notiz am Anfange beweist, nach dem Originale seines Schwiegervaters genommene Copie weist sieben Monate im Bilde und acht Monate dem Texte nach auf, dazu das Titelblatt, also im Ganzen acht Abbildungen, die alle Bucherius im Jahre 1633 publicirt hat[1]. Huart erwähnt ferner eine von ihm selbst i. J. 1560 für den Canonicus Karl Lange angefertigte Copie. Mommsen (S. 556 Anm. 1) bezweifelt, daſs der Bruxellensis diese Lange'sche Abschrift sei.

Von groſsem Werte ist für uns die kurze Nachricht des Huart, daſs nämlich Johannes Brenner das Original vor 30 Jahren durch seinen Schwiegersohn Anton Blanchart nach Brüssel geschickt und dem Herrn consiliarius ab Hassonvilla zum Geschenke gemacht habe. Wir werden im nächsten Abschnitte (S. 16) sehen was weiter mit diesem Originale geschah und daſs die sofort zu erwähnende Handschrift wahrscheinlich eine weitere und genauere Copie desselben ist. Die Brüsseler Copie tritt nämlich fast vollständig zurück hinter einer zweiten, eben derjenigen, welche seinerzeit Peiresc für Girolamo Aleandro hatte anfertigen lassen. Aus dem Besitze dieses Gelehrten kam sie in die barberinische Bibliothek in Rom, wo sie unter der Signatur XXXI, 39 aufbewahrt wird[2]. Sie enthält ein Titelblatt, vier Städtefiguren, eine Victoria, die Tafel mit den *Natales Caesarum*, fünf Planeten und sieben Monatsbilder, zwei Fürsten-Bildnisse, endlich eine Tafel mit sechs Zeichen des Zodiacus. Diese ganze stattliche Reihe von zweiundzwanzig Blättern ist wie die in die *Vaticana* gekommenen Textseiten bis heute unpublicirt.

Indem ich den Plan ihrer Veröffentlichung faſste, machte sich natürlich der Wunsch geltend damit zugleich alles das zusammenzustellen, was uns überhaupt von den Illustrationen des Calenders v. J. 354 übrig geblieben ist. Die Brüsseler, auf das gleiche Original zurückgehende Handschrift bietet uns nichts, was den Inhalt der Peiresc'schen Copie bereichern könnte. Ich reproducire daher nur ein Blatt derselben in der Absicht, an diesem einen Beispiele den stilistischen Vergleich beider Copien durchführen und auf diese Weise zu einem Urteile über ihren qualitativen Wert gelangen zu können. Dagegen bietet uns die erste Handschriftenfamilie eine reichere Ausbeute. Die Wiener Handschrift nämlich hat den sieben Monatsbildern des Peiresc'schen Originals gegenüber die vollständige Reihe derselben. Ich entnehme daher die fehlenden fünf Monate der Wiener Copie. Da in dieser letzteren alle Monatsverse, die nachweisbar im Originale vorhanden waren,

1) *De doctrina temporum* p. 275 u. 319 ff.

2) Copien derselben kenne ich in den Papieren des Marini Vat. lat. 9135 fol. 217–231, in der Laurentiana Cod. Ashburnham. 1061 und sechs verse im Cod. Pighianus (O. Jahn in den Ber. d. Kgl. sächs. Ges. d. Wiss. 1868 hist.-phil. Cl. S. 285).

fehlen, so würde eine Lücke bleiben, wenn in diesem Punkte nicht die Handschrift von S. Gallen ergänzend einträte. Und diese liefert noch einen letzten Beitrag, indem sie uns von den fehlenden Tafeln der Planeten Jupiter und Venus wenigstens die darauf angebrachten astrologischen Regeln aufbewahrt hat.

Demnach verbinde ich in dieser Publication den doppelten Zweck: die Peiresc'sche Copie des Calenders v. J. 354 bekannt zu machen, dann aber diesen letzteren in seinen Illustrationen so weit wiederherzustellen, als es nach den auf uns gekommenen Überresten möglich ist. Der Weg zu diesem Ziele aber ist unzweifelhaft angezeigt: wir haben auszugehen von dem Originale des Peiresc. Dieses ist zwar verloren, doch hat uns Peiresc selbst in seinen Briefen und in der an Aleander geschickten Copie die Mittel in die Hand gegeben uns von demselben eine klare Vorstellung zu machen. Daher werde ich mit der Zusammenstellung der brieflichen Nachrichten beginnen und die bildliche Überlieferung folgen lassen, gleichzeitig aber stets am passenden Orte die Ergänzung des Peiresc'schen Originals nach den andern Handschriften des Calenders vornehmen.

DIE NACHRICHTEN DES PEIRESC.

Peiresc hat über das ihm vorliegende Original in mehreren Briefen sowol an Aleander nach Rom, wie an andere Personen ausführlich berichtet. Herr Tamizey de Larroque, der eben im Begriffe ist die Correspondenz des großen Archäologen zu ediren, teilt mir freundlichst mit, daß Peiresc auch in anderen Briefen sehr häufig von Calendern und besonders oft von dem aus der Zeit Constantin's spricht. Doch, meint er, finde sich in der Correspondenz schwerlich etwas, das nicht in den von mir zu publicirenden Briefen bereits vorgebracht wäre, was sich daraus erkläre, daß Peiresc, wenn er an seine verschiedenen Freunde über wissenschaftliche Dinge schrieb, die Gewohnheit gehabt habe, das zu wiederholen, was bereits öfter gesagt worden war.

Girolamo Aleandro war mit der Sammlung antiker Calender beschäftigt und hatte es sich speciell zur Aufgabe gemacht den unsrigen neu herauszugeben. Er wandte sich deshalb, wie bereits gesagt, an Peiresc mit der Bitte um eine Handschrift desselben und Peiresc fand eine solche. Eine anscheinend erste Äußerung desselben über diesen Fund findet sich in einem angeblich von Peiresc aus Aix am 16. Dec. 1620 an P. P. Rubens gerichteten, von Millin *Annales encyclop.* 1817 Tome III p. 221 ff. publicirten Briefe. Aber auf das brieflich mitgeteilte Urteil des Herausgebers der Rubensbriefe, Herrn Ruelens, hin sehe ich von diesem Schriftstücke als anscheinend einem von anderer Hand herrührenden Resumé des gleich folgenden Briefes an Aleander hier ab. Wenn aber darin der Calender der des M. Hervartius genannt wird, so möchte ich dazu beiläufig folgendes bemerken. Der kurfürstlich bairische Kanzler Herwart von Hohenburg hatte den Text des Monatscalenders publicirt. Man hat diese Herwart'sche Ausgabe bisher vergebens gesucht. Mommsen (S. 562) vermutete, sie sei auf einem einzelnen fliegenden Blatte gedruckt gewesen. Und so ist es. Derselbe Codex der Barberina XXXI, 39 enthält auch dieses Document. Das Blatt ist 22 × 38½ cm. groß und trägt die Überschrift:

»Calendarium Romanum Constantini Magni temporibus, ipso anno Christi CCCXXV quo Synodus prima Nicaena celebrata, confectum. E museo Ioani Georgii Herwart de Hohenburg[1].«

Herwart besaß demnach ebenfalls eine Abschrift unseres Calenders. Sein Blatt ist in zwölf Felder (der Breite nach drei, der Höhe nach vier) geteilt. Die Zahlbezeichnungen der Calenden und Iden sind tatsächlich, worüber Peiresc sich in dem Briefe an Aleander aufhält, in arabischen Zahlen gegeben, und die Zeichen des

[1] Vgl. auch Petavius im Uranologium und Schurzfleisch *Annus Rom. Jul.* p. [illegible]

Zodiacus durch die damals gebräuchlichen ersetzt. Von den Illustrationen des Calenders ist nichts copirt.

Unsere Hauptquelle für die Kenntnis der von Peiresc aufgefundenen Handschrift ist sein darauf bezüglicher, ausführlicher Brief an Aleander. Derselbe begleitete die nach dem Originale angefertigten und auf uns gekommenen Copien, beschreibt diese und gibt Vorschriften über ihre Anordnung. Er ist unpublicirt geblieben, wie die Zeichnungen. Wir finden ihn mit diesen zusammengebunden neben Briefen anderer gleichzeitiger Archäologen, wie Pignoria, Sirmond, Selden und Herwart von Hohenburg, an Aleander.

Rom *Bibl. Barb.* XXXI, 39.

Paris, 18. December 1620.

Peiresc an Aleander.

Fol. 104a. Molt' Ill^re sig^re mio oss^mo,

Par che non soglia communemente venir sola una buona ventura. La scoperta de' camei di Augusto et di Tiberio[1], era grande veramente frà curiosi di cose antique, ma credo che V. S. troverà molto maggiore quella d'un manoscritto havuto ultimamente scritto gia piu di 7. ò 800. anni al meno, et coppiato verisimilmente sopra l'autografo del secolo Constantiniano di ottima nota.

Nel quale in manco di 25. fogli si trova il Calendario Constantiniano tanto desiderato, et molt' altre cosette curiosissime distinte in due parti. L' una pertinente prencipalmente al Christianesimo. l' altra quasi solamente al paganesimo, tutte due mutile, ma delle quali sonno ben preciosi gli fragmenti.

Nella prima parte dunque del manoscritto si trovano diversi Fasti Consulari accommodati à diversi soggietti . . . . Darauf folgt eine eingehende Besprechung der historischen Teile der Sammlung des Chronographen v. J. 354. Da diese nichts enthalten, was für unseren Zweck irgend von Bedeutung ist und Herr Tamizey de Larroque den Brief doch vollständig bringen wird, so übergehe ich diesen Teil und schließe hier sofort den speziell auf die Zeichnungen bezüglichen Abschnitt an. Bemerken will ich nur, daß Kondakoff wahrscheinlich durch diese Einleitung verleitet wurde, zwei Calender, einen des August und einen des Constantin oder — wie Peiresc und Bucher wollen (?) — einen heidnischen und einen christlichen, anzunehmen[2]. Den nachfolgenden Text publicire ich genau in der Schreibweise des Peiresc.

Fol. 106b.

Nella seconda parte del manoscritto c'è un titolo, fatto all' antica giusto come que' titoli, che si veggono ne' marmi et inscrittioni antique cio è une tavoletta longuette con due recchioni. portata da due genij alati, con l' inscrittione dentro majusculo negro VALENTINE LEGE FELICITER et in rubrica VALENTINE VIVAS FLOREAS, VALENTINE VIVAS GAVDEAS. et di sopra un Monogramma nel quale si trovano le lettere de' l inscrittion d'Appresso VALENTINE

[1]) Worüber in den vorhergehenden Briefen berichtet wird. [2]) Russ. Ausgabe p. 29.

FLOREAS IN DEO*. Nelli recchioni si legge in majusculo piu minuto FVRIVS DIONYSIVS FILOCALVS TITVLAVIT, il che mostra l'antiquità dell' opera.

Doppò il titolo si veggono le imagini ' di quattro città delle prencipali dell' Imperio. La prima è ROMA galeata sedente co'l mondo in mano et una victoriola sopra che l'incorona et l' hasta lunga accompagnata da un puttino, che porta un sacco su le spalle, et va spargendo dannari, con un altro sacco à terra.

La seconda è ALEXANDRIA in piede vestita giusto come la Cartagine che si vede in medaglie di Maxentio, accompagnata da due Genij che portano candalabri et cerei accesi. Con due navi Annonarie, nella dritta par che tenga Dactili, et nella sinistra un ramo di pomo granato, et un di meranza.

La terza è di CONSTANTINOPOLIS in piedi vestita alla Romana con una corona alla destra et l'hasta alla sinistra, ma Turrita come l'Antiochia, il che mi par straordinario, come se havesse voluto occupare il luoco di Antiochia. del resto l'accompagnano altri genii con face accese, et sopra la testa due Genij che volano gli sostengono un altra corona su le torri. alli piedi c'è un altro sacco pieno di dannari ò altra robba.

La quarta è TREBERIS Galeata, succinta, armata di hasta et Clypeo che trahe un Barbaro Captivo, appresso 'l quale si veggono targue, Arche, freme, corni, cantluari, et altri vasi preziosi.

Segue Vna Vittoria con l'Aquila legionaria et un Clypeo nel quale ella va scrivendo SALVIS AVGVSTIS FELIX VALENTINVS. Formula appunto di quel secolo, et conforme alli marmi et medaglie antique. Onde si può conietturar che tal VALENTINO fosse qualche persona eminente in que tempi, et constituita in dignità, et officio di soprastante all' opere publiche, ò alli giuocchi circensi, ò altra. V. S. haverà da cercare chi egli possa essere, non havendo io trovato cosa che vaglia in quel proposito. solamente l'avisarò che ne' fasti pontificij quando si vanno communerando le fabriche fatte da Julio papa ce n'è una descritta cosi [Basilica in via Flaminia mil. III. qui appellatur Valentini] che poteva esser il medesimo.

Sta sopra.

Dirimpetto della Victoria si veggono due Tavole ornate di pillastri con due frontoni particolari et un commune dove si vede una imagine dal petto in sù di un Imperator paludato che non ha corona ma ha il gran cerchio attorno 'l capo et tiene un Globo su'l quale sta la Phoenice come si vede in medaglie di Constantio figlio di Constantino. Et è accompagnata da due Vittoriole et d'all' inscrittione in majusculo NATALES CAESARVM. In quelle secondo l'ordine dell' Calendario sonno disposti i Natali degli Imperatori Celebrati à qui tempi, et ne' medesimi giorni che si trovano inscriti nel Calendario Constantiniano. Ma non ci sonno i natali dell' Imperio, anzi solamente i veri natali, dove V. S. notarà che il natale di Costantino III. Kal. Martij deve essere il vero Natale di quel precipe poi che

*) Am Rande: *onde si puo argumentare che lo scrittore era christiano et forsi ancora quel l'altro a cui l'opera era dedicata.*

*) Nachträglich darübergeschrieben: *fatto a la penna solamente.*

doppo la sua morte non si continuò la Celebratione di altro che di quello. Et che similmente quello di Constantio VII. Id. Augusti, deve essere il suo vero natale poi che non ce n'è d'altro, et dicendo dn. constanti, et non DIVI, come negli altri si ha da conchiudere che siano fatte queste tavole mentre viveva Constantio figlio di Constantino.

Si veggono poi i Planeti rappresentati all' antiqua cio è Saturno mezzo ignudo ma velato, con la falce, et un certo fiore all' egyptio in cima al capo. Marte Gradivo. Il sole radiato co'l Globo et Flagello, ma vestito di Lungo come l'Appollo Daphnese. La Luna co'l gran crescente dietro alle spalle, una face accesa alla destra, et un corno alla sinistra vuodo di fiori, et rivoltato sotto sopra. Mercurio, co'l caduceo et la borza. Et tutti con le hore planetarie nocturne et diurne, et certe regole volgari della giudiciaria superstitiosa. Ci manca un foglio dove erano Giove et Venere ma non è stato difficile di restituirlo, alla foggia degli altri. Se non possono essere coppiate à tempo tutte quelle figure V. S. le haverà co'l prossimo corriere.

Fol. 107A.

Seggauittava poi il Kalendario Constantiniano, ma ci manca il primo foglio (che ha fatto smarrir il titolo che vi poteva essere, et l'imagine del mese di Gennaro). Et quattro altri fogli che hanno portato via la scrittura delle Feste et Kalende de' Mesi di Marzo, Aprile, Majo, et Giugno, con le Imagini de' mesi di Aprile, Majo, Giugno, et Luglio, che è un gran danno veramente, ma nulla dimeno le reliquie, che sene sonno salvate sonno d'importanza, et cappaci di fare stimare adempito per la maggior parte, il voto di V. S., et il mio, di vedere detto Calendario in miglior forma che non l'ha stampato il S. Hervartio[*]. Sendovi sempre numeri Latini et non Barbari nelle Kalende, None, et Idi, et l'ingresso del Sole in ogni signo del Zodiaco, notato in parole distese latine in majusculo con l' imagine del segno celeste appresso. Et non con note barbare degli ultimi secoli come le ha notate l'Hervartio, il che lo credo ch'egli habbia fatto per salvar lo spatio, ma doveva avisarne il lettore, acciò non si sminuisse l'opinione dell' antiquità dell' opera.

La dispositione del Kalendario era tale che apprendo il libro le due charte ò paggelle de' due fogli apperti contenevano un mese, in due Tavole ornate di Pillastri et Frontoni. cioè nella prima pagina l'imagine d'una figura humana che rappresentava il mese, vestita et accompagnata secondo la descrittione di certi versi antiqui, stampati già dal Pithaco, et da altri li quali difficilmente si puonno intendere bene senza vedere le figure, si come le figure non si cognoscerebbono facilmente senza veder i versi. Sotto 'l Frontone stà l'Inscrittione in Majusculo di ciaschedun mese, et nella margine interiore vicina alla cuggitura del volume sonno scritti i due distichi di chiaschedun mese, in carattero corsivo Romano di 7 ò 800. anni in circa.

[*]) Siehe oben S. 7.

Fol. 108a.

L'altra tavola nell altro foglio di rimpetto la precedente contiene sotto il frontone in Majusculo, il numero de' giorni del mese, et poi dentro il quadro della tavola, tutte le medesime feste notate nell' editione del S. Hervartio, con li medesimi ordini di lettere al prencipio di ciaschedun giorno, ma con numeri di Kalende et altri, alla Romana antiqua, et sotto la mentione dell ingresso del sole in ciaschedun signo fatta di rubrica, et in majusculo c'è un circolo nel quale è dissegnato il segno celeste, ma all' antiqua, et come si veggono nelle medaglie, Tagli, marmi, et altri monumenti piu antiqui. Il primo giorno del mese et quello dell' Idus, sonno scritti in rubrica majuscula con la Festa che vi risponde. i numeri sonno majusculi. Tutto 'l restante dell' inscrittione è in carattero ordinario rotundo di 7. ò 800. anni in circa. Nelle margini inferiori sotto ciascheduna tavola, si veggono altri versi antichi pertinenti à ciaschedun mese scritti in majusculo.

Hor per dirle il frutto che se ne può cavare, dalla confrontatione che V. S. potrà fare della coppia che le ne manderò essatta prout jacet nell' originale. ella vederà che molte parole si potrano emendare come N. DIANES, in Agosto, in luogo di CIANES, come ha fatto scolpire il S. Hervartio. ÆQVIT. Ⓡ pro. in Luglio, che farà R Omanorum in luogo di OR. come ha scritto l'Hervartio et altre.

Et nelle figure V. S. haverà gran gusto di vedere il segno dell' Aquario, con la Clamyde et Thiara Phrigia di Ganymede, quello di Virgo con il Caduceo, quello di Libra, portata da un giovane all' antica et cosi degli altri segni celesti.

Ma prencipalmente nelle figure de' mesi quella di Febraro par molto notabile, per essere muliebre, stolata, et velata come le vergini vestali, portando un cigno nelle mani, et havendo una cigogna appresso, per rispondere, et forsi per servir d'interpretatione all' inscrittione del giorno dell' Idus, che dava un poco di fastidio à V. S. seben mi ricordo, per non essere tanto distesa, quanto quella di questo manoscritto cioè VIRGO VESTA. PARENTAT. Il che tocca sicuramente la Februatione, mentionata ne' versi che sonno appresso.

Fol. 108b

L'ave paludicola de' versi, co'l suo canto lugubre, non sendovi mal à proposito, si come ne anco la cicogna alla Parentatione. Il cratere che butta acqua dal cielo, par che denoti le pioggie di quella staggione. Ma il fiore che stà su'l capo della vestale all' usanza Egittia, simile a quella di Saturno, ha bisogno d'un poco d'interpretatione appresso di me.

La figura del mese di Marzo è vestita di pelle di Lupa et accompagnata dell' Hedo, et della Garrula hirundo, et del sinus lactis (se pur non c'è semis lactis come pare), et dell' herba nascente à' piedi, come la descrivono i versi.

Quella d'Agosto è nuda et per mostrare che beve in un poculo di vetro, come vuol l'authore de' versi antiqui si vede il mentone della figura à traverso il poculo.

Quella di Settembre conforme alli versi tiene una lacertola sospesa ad un filo et un canistro cum surgentibus acinis dall' altra mano, havendo appresso uve, et peri ò pomi.

Quella d'Ottobre prende un lepore fuor della trapola dove si è lasciato prendere, et ha l'uscello pingue appresso.

Quella di Novembre è ben delle più belle, rappresentando un de'ministri, ò sacerdoti della dea Iside, con il sistro in mano l'ansere appresso, et l'habito bianco secondo i versi che vi stanno appresso. V. S. n'haverà veduto una simile ben che assai mal dissegnata, nel libro del S. Lorenzo Pignoria della Tavola Isiaca. La quale è scolpita come la Tavola Isiaca, in una gran chiave da serrar canali di Aqua fatta di metal giallo, dove è rimessa la figura in metal di rame rosso, cioè la testa, le braccie, et li piedi et l'habito d'Argento, per rispondere al carbaseo de versi. tiene il sistro, et ha l'Ansere d'argento appresso, ma dalla sinistra tiene la situla di Iside, in luogo, che questa tiene una patera co'l serpe. Sendo qui di più l'ara col cinocefalo ò altr'idolo egittio, et i pomi granati, che sonno buoni in quel tempo. Et forsi che tal chiave di bronzo fu adoperata ne' canali dell' acque necessarie per le lavationi usate ne' sacri di Iside conforme all'authorità di Tertulliano già osservata da V. S. ne' quali si trova nel calendario repetita la festa HILARIA una seconda

Fol. 109a

volta, la quale se similmente non passava senza la lavatione celebrata doppò l'altr' HILARIA del mese di Marzo. Ma quando non piaccia tal congettura poco importa, potendo sempre riferirsi la figura della chiave al mese di Novembre. Et perciò che c'è un inscrittione in lettere d'argento rimesse nel metallo co'l nome ADELPHII, et che ne' fasti nostri prefectorij si trova nel consolato post Sergium et Nigrinianum (che fu Magnentio et Gasone coss.) un Prefetto Urbano chiamato Clodius Adelfius à VII. Idus Jun. ad XV. Kal. Jan. non sò se si potrebbe congetturare, che l'opera dove era posta detta chiave fosse stata fabricata sotto quell' Adelfio. Et massime se si riferisce la figura alli sacri Isiaci, sendo certo che sotto Magnentio si erano rinovati i sacrificij nocturni si come consta dalla legge promulgata da Constantio due anni doppò Data VIII. Kal. Dec. Constantio VI. et Constantio Caes. II coss. che è la V nel cod. Theod. de Pagan.

Quella finalmente di Decembre oltre la face accesa, et la Larva comica ò persona, che convengono appunto alla staggione r'appresenta un servo che giucca alle tessella co'l pirgo. dove è notabile il numero di due Tesselle o dadi et non più, et la positura del pyrgo su la mensa, et non nelle mani del gioccatore, come usano i nostri hoggi dì del lor cornu. anzi s'accorse il S. Salmasio di certi vestiggij della porticella inferiore del pyrgo donde havevano da uscir le tesselle et de' gradi fuor della porticella che havevano da far scorrer le tesselle su la tavola, di modo che risponde eccellentemente la pittura a que' versi che furono fatti à posta per descriverla, et specialmente all' ultimo: Nunc tibi cum domino ludere Verna licet.

Ma il fine dell' opera consiste in due figure poste immediatamente dietro il calendario in due pagine, che sonno di rimpetto l'una dell' altra ne' due ultimi fogli aperti. Nelle quali sonno rappresentate le imagini di due imperatori ch'io stimo essere Constantio Augusto figlio di Constantino et Constantio Caesare Gallo. Il primo sta a sedere, et sparge danari dalla man destra, havendo il diadema gemmato in testa, il gran circolo attorno 'l capo, et il scettro alla sinistra fastigiato di una imaguncula galeata et armata di clypeo. Il secondo Prencipe sta in piedi senza corona, ma co'l circolo attorno 'l capo: un scettro simile alla sinistra, et alla destra una vittoriola che camina sopra un quadrello et non sopra il globo che gli si suol poner sotto i piedi, lasciandolo verisimilmente per modestia (sic) all' altro prencipe suo maggiore. Ma si è da stimar assai la forma della Trabea imperiale dell' uno et dell' altro con infinite gioie et camei che vi si veggono applicate conforme all' usanza introdotta da Diocletiano. Et forsi che dall' acconciamento di detta trabea, involta attorno l'corpo a guisa di Pallio alla Greca, si potrebbe cavare qualche argomento della forma del pallio Pontificale antiquo, del quale è tanto picciolo il vestigio ch' è restato fra gli arcivescovi di questo secolo, che difficilmente se ne potrebbe dare alcuna certa risolutione, almeno ci vuol molto

f. 4 100v.

maggior disquisitione, et per non lasciar niente in dietro, oltre i veli, c'è ancor un sacco di dannari a piedi del Cesare per li donativi ordinarij in que' tempi.

Basta che da tutti que' particolari sudetti si può facilmente conchiudere che la compilatione di tutti que' Fasti et Calendarii sia fatta non solamente doppò l'anno vintesimo di Constantino che voglion esser stato fatto il Calendario, (poi che vi si trova l'imagine di Constantinopoli, fondata qualche anno addietro il vigesimo) ma doppò la morte istessa di Costantino. Onde non è meraviglia che 'l nostro Furio intitolatore, transcrivendo il calendario habbia in qualche luogo voluto accommodarlo al tempo suo particolare scrivendo, profectio divi, adventus divi, et altre cose simili senza aggiongere il nome proprio di quel prencipe come notissimo all' hora nella maniera che l'istesso Constantio L. II. cod. Th. de Pagan. minaccia gl'infrattori della legge (divi principis parentis nostri) senza dir Constantini. Non vorrei però credere che la prima compositione del calendario fosse fatto doppò morte di Constantino, poiche, vi mancano i Natali di Constantinopoli, di Constante, di Delmatio, et altre cose posteriori alli Vicennali Constantiniani tralasciate verisimilmente, et neglette dallo transcrittore, si come nel Calendario particolar de' Natali Caesarei si son tralasciati molti natali de' prencipi restati nel calendario Constantiniano, per non essersi continuati doppò lor morte, si come puol esser tralasciato il natale di Constantinopoli per gelosia de' Romani, et per lasciarlo celebrare alli Constantinopolitani.

Hor ben che fosse già quasi estinto del tutto il Paganesimo nel tempo della prima transcrittione del manoscritto si come si può cavare dalla datta delle leggi fatte dall' istesso Constantio per l'abolitione de' sacrificij, sotto consulati anteriori al suo septimo sudetto eccetto una datta poco tempo doppo non par che fosse inutile la transcrittione di detto Calendario fatta quell' anno del Consolato VII. di Costanzo, poiche non fù la sua intentione di abolire ogni memoria del paganesimo, havendo egli con la sua legge 3ª fatta nel suo IVº consolato, et IIIº di Constante prohibito la rovina de' Tempij ch'erano fuor delle mura di Roma, acciò non si perdesse la memoria et origine de' Ludi Circensi et Agoni, delli quali si continuavano tuttavia le solemnità in favor del popolo Romano.

Restami à dirle che il Cuspiniano ha veduto non solamente i fasti Prefettorij et Pontificij, et le Depositioni de' Santi, ma ancora il Calendario allegand l'HILARIA. VIII. Kal. April. ch'egli dice haver veduto in un calendario molto antiquo, sotto 'l consulato di Tiberiano et Dione et sotto l'imperio di Diocletiano, meravigliandomi non poco che tante belle cose siano state cosi negletti da lui, et ch'egli non si sia degnato farle stampare, si come ne anco que' suoi fasti paschali à regibus exactis, et gli altri da lui tante volte allegati.

È pur tempo di finir tante scoppe dissolute et tante ciaeciare inordinate con dirle, che non havendo facoltà dal padron del manoscritto di mandarle l'originale, ne farò far una coppia fedelissima che le manderò quanto prima. Intanto Ella potrà vedere gli schizzi qui aggionti per giudicare della bontà del libro, et la bacio aff^te le mani di Pariggi alli 18. Dec. 1620

Di V. S. m. Ill^re

Serre aff^mo

de Peiresc.

Auf dem folgenden Blatte findet man dann diese Nachschrift:

Fol. 110v.

Non so come la moltiplicità delle cose ch' havevo da dirle in materia di questo manoscritto mi faceva scordare di dirle che appartiene al presidente di Arras dal quale il S. Schildero l'ha ottenuto in prestito per farmelo vedere à conditione però che si non passi piu oltre in maniera alcuna et che non esca delle mie mani, ne che ritenga se non quanto meno si potrà. di che hò sentito grandissimo dispiacere, et se la distanza non fosse tanto grande di quà a Roma, glie l'haverei inviato furtivamente. ma in si lunga strada l'haveva da correr molti rischij. Et spero di usar tanta diligenza in farne far la coppia fedelissima da mandarle, ch' ella haverà caggione d'appagarsene. Aggionge il S. Schildero che l'altro calendario del quale egli haveva parlato, è cavato d'una editione di Anversa con certi commentarij del Ciaccone, ch'io non ho veduto et per ciò l'ho preggato di mandarme quell' ancora per poterne servir V. S. quando ella non l'havesse veduto. V. S. scuserà per sua gratia il disordine et confusione di questa lettera mal diggesta, la quale haverei volontieri fatto descrivere s'havessimo qui coppiatori corretti in lengua volgare. per non darle il tedio di vedere tante ratture, è postille non potendomi risolvere di coppiarla io. In tanto ella haverà il transcritto di tutti gli otto mesi, che ci restano del Calendario antiquo di Constantino, et del titolo et Kalendario de' Natalicij Caesarei. Et le figure degli setti mesi che ci restano, con quelle de' Prencipi. Le inscrittioni de' Mesi sonno inchiuse in ornamenti di Pillastri et Frontoni, et accompagnate del segno del Zodiaco nel modo che V. S. vederà dissegnato ne' mesi di Ottobre et Novembre, non havendo fatto continuar il dissegno degli altri per essere simile à quelli, et per la fretta della partita de S^r. Memmino. Hò notato il luogo dove vanno le figure de' mesi acciò V. S. vegga la dispositione loro. Et con la prima occasione le manderò le figure delle quattro città, et de' cinque pianeti che restano. Un certo Ioanne Sibille Geographo ha fatto un supplemento delle figure et inscrittioni che mancano già più di 30 anni, ma senza fondamento, di modo che non c'è niente che vaglia, ne che risponda al vero, si come per l'inscrittioni si (das Folgende der Höhe nach am Rande) giudica dall' editione dell' Hervartio et per le figure da versi antiqui stampati dal pithaeo, sotto 'l titolo PICTVRA MENSIVM tanto conformi a queste medesime figure, di modo che non degnarei mandarle copia di tal pedantaria, ma per non tacerle niente, ho voluto darlene ancor l'aviso.«

Was uns zunächst vom Inhalte dieses Briefes interessirt, das sind diejenigen Stellen, in denen Peiresc Bezug nimmt auf die für Aleander bestimmten Copien der Zeichnungen. Am Schlusse des eigentlichen Briefes (14, 11) heißt es darüber: »... da ich vom Besitzer des Manuscriptes nicht die Erlaubnis habe Ihnen das Original zu senden, so werde ich davon die getreueste Copie anfertigen lassen und Ihnen so bald als möglich zuschicken. Indessen (*intanto*) werden Sie, um zu einem Urteile über den Wert des Buches zu gelangen, die hier beigefügten Skizzen betrachten können«. Die Kürze dieser Angaben scheint die Veranlassung zur Anfügung der Nachschrift geworden zu sein, denn Peiresc wiederholt darin das Gesagte, nur spricht er sich des Näheren über die Einzelheiten aus. Zunächst über den Besitzer und sein Verbot. Darauf folgt wie oben die Erklärung (14, 24): »Und ich hoffe bei Herstellung der Ihnen zu übersendenden ganz getreuen Copien so viel Fleiß anzuwenden, daß Sie Grund haben werden damit zufrieden zu sein«. In der oben citirten Stelle ging Peiresc dann mit *intanto* auf die vorläufig angefertigten Skizzen über. Es kann kein Zweifel sein, daß er diese meint, wenn er hier, nach einem kurzen Excurse ebenfalls mit *intanto* einsetzend, im Detail auf Nachbildungen eingeht, die er zum Teile beilege, während der Rest nächstens folgen solle.

Dieser wiederholten Scheidung zwischen getreuer Copie und vorläufiger Skizze gegenüber entsteht die Frage: welche von beiden Nachbildungen haben wir in den im Anhange publicirten Zeichnungen vor uns?

Es ist mehr als wahrscheinlich, daß es die gleichzeitig oder wenig später an Aleander abgegangenen Skizzen sind. Für's Erste spricht dafür, daß nur dies eine Exemplar der Nachbildungen in der barberinischen resp. vaticanischen Bibliothek erhalten ist. Wären auch die getreuen Copien an Aleander gelangt, so müßten sich zwei Exemplare der Zeichnungen vorfinden, wenn man nicht annehmen will, daß das eine von beiden spurlos verloren gegangen sei, was bei der vollständigen Erhaltung des Briefes und der einen Reihe von Copien jedenfalls sonderbar wäre. Dann aber spricht unzweideutig für die Skizzen die Beschreibung, welche Peiresc in der Nachschrift von denselben gibt (14, 34 f.). Denn darin bemerkt er u. A. daß von den Umrahmungen der Monatstexte nur diejenigen zum October und November copirt worden wären, »weil die Zeichnung der übrigen diesen gleich sei und wegen der Eile der Abreise des Herrn Menamino«. In der getreuen Copie wäre diese

Beschränkung wol nicht zulässig. Da sie sich nun genau nach der Angabe des Briefes in dem erhaltenen Abbildungscyclus nachweisen läfst, so scheint ein Zweifel ausgeschlossen. Für die Skizzen sprechen auch die Vermerke, welche sich auf jedem einzelnen der erhaltenen Blätter von Peiresc's eigener Hand über die Anordnung finden. Zwar wären dieselben für die getreue Copie nicht ausgeschlossen. Doch werden sie in dem erhaltenen Exemplar mit solcher Ausführlichkeit gegeben, dafs sie eher zur ersten Orientirung passend erscheinen. Weitere Beweise für diese Annahme, zu der mich ein Wink des Herrn O. Hirschfeld geführt hat, werden wir bei Durchsicht der folgenden Briefe finden, deren letzter uns auch ein wichtiges Urteil des Peiresc selbst über den Wert der erhaltenen Skizzen geben wird.

Inzwischen greifen wir auf die Angaben über den Besitzer der Handschrift (14, 19f.) zurück.

Damach gehörte die Handschrift im Jahre 1620 dem Präsidenten von Arras. Erinnern wir uns nun dessen, was der Archivar Hoart von den weiteren Schicksalen desjenigen Originals sagt, nach dem die Brüsseler Copie angefertigt worden ist: der einstige Besitzer Johannes Brenner habe dasselbe dem Staatsrate d'Assonville in Brüssel geschenkt (vgl. oben S. 5). Nun stammt aber die Familie der Assonville aus Arras. (Vgl. Jöcher unter d'Assonleville.) Es liegt daher nahe anzunehmen, wie es Mommsen (S. 556) getan hat, dafs jener Präsident von Arras, dem die Peiresc'sche Handschrift im Jahre 1620 gehörte, eben der ehemalige Staatsrat d'Assonville sei, so dafs — und dies wird durch den Vergleich der einzelnen Bestandteile und die Angaben Hoarts bestätigt — die Brüsseler und die barberinische Copie auf dasselbe Original zurückgehen.

Das gemeinsame Original gehörte demnach ursprünglich dem luxemburgischen Senatsschreiber Johannes Brenner, der es dem Staatsrate d'Assonville in Brüssel schenkte. Mit diesem kam es nach Arras. Was mit der Handschrift später geschah, ist nicht klar. Der Freund und Biograph des Peiresc Peter Gassendi scheint anzudeuten[1], dafs sie ganz in den Besitz des Peiresc übergegangen sei, indem er sagt, sie wäre in dessen Hand gewesen und werde noch in seiner Bibliothek aufbewahrt. In der Stadtbibliothek zu Carpentras, wohin Peiresc's Handschriften kamen, scheint sie, sagt Mommsen (S. 552), und bestätigt persönlich de Rossi, nicht vorhanden zu sein, wie sie denn auch bei Lambert (*Catalogue des mss. de la bibl. de Carpentras*, Carp. 1862 Tome II bis, p. 27 unter 2) nicht aufgeführt [illegible] zwischen 1808 und 1826 sollen [illegible] Handschriften der Bibliothek ab[illegible] gekommen sein. Somit müssen wir uns heute [illegible] mit den vor[illegible] Copien und Peiresc's Bericht [illegible].

Aleander dürfte, in den Besitz der Zeichnung [illegible] des Briefes gelangt, Peiresc [illegible] geantwortet haben, [illegible] März 1621, [illegible] Abfassung des ersten Briefes [illegible].

Je suis [illegible] que vous ayez [illegible] du calendrier manuscrit de Constantin[2]. Es geht dann auf die (11, 13f.) vorgeschlagenen Emendationen im Texte

[1] [illegible] *Peiresc* 1636 p. 98.

[2] [illegible] p. 117

über und kommt erst später (S. 229) wieder auf die Zeichnungen zurück, indem er sich des Längeren über die Ergänzungen des Jean Sibilla (Vgl. 15, 2f.) verbreitet und schliefst (S. 231): *Si vous en souhaitez une copie, je ne manquerai pas de vous l'envoyer.* Wir werden später sehen, dafs Aleander wahrscheinlich diesen Wunsch geäufsert hat und dafs uns die ihm daraufhin zugesandte Probe in der Barberina erhalten ist.

Darauf folgt ein angeblich vom gleichen Tage datierter Brief des Peiresc aus Paris an Girolamo Aleandro.

Montpellier, *Bibl. de l'école de Médecine* Ms. H. 271 Tome I p. 220–23.

Paris, 10. März 1621.

Peiresc an Aleander.

. . . Del testo ho caro che non le sia dispiaciuto il calendario Constant. MS[to] ne so come possa essere avenuto che V.S. non habbia trovato nel piego, tutte le sette imagini de' mesi che vi restano, ricordandomi sicuramente che vi furono inchiuse tutte in presenza mia o almeno, che non restorono nella mia stanza sicuramente. Credendo che il mancamento venga dal non havere forsi ben ordinato i fogli acciò ella potesse metterli facilmente e ciascheduno à suo luogo, massime poiche veggo che V.S. mi scrive non haverne trovato se non tre, cioè Gennaro, Ottobre, et Novembre. Il che non può essere, poiche manca nell' originale quella di Gennaro. Oltre à che so che sonno veramente tanto stravaganti quelle figure che non si pigliarebbono per Mesi, se non fosse notato appresso. Se le occupationi di V.S. le permettono di farne l'essame, spero ch'ella vi troverà Febraro vestito da donna Vestale, Marzo da Pastore, Agosto da ragazzo ignudo che beve, Settembre da vindemiatore che porta una lacerta sospensa ad un filo, Ottobre da cacciatore di Lepori, Novembre da ministro di Iside, Decembre da servo verna che giuocca alli dadi. S'ella non trova tutte queste bisogna che siano state inserite in fallo ne' pieghi del Illmo S. Card[le] Sta. Susanna, ò del S. Bardayo, alli quali bisognarebbe domandarne conto, se non, gli farò disegnare una seconda volta, per mandargliele.«

Peiresc misversteht allem Anscheine nach eine Stelle des Briefes, den er hier beantwortet. Aleander meinte nicht, dafs nur drei Monatsbilder, sondern, dafs nur drei Zeichen des Zodiacus, die zum Januar, October und November, welche tatsächlich von den übrigen getrennt auf den einzelnen Texttafeln selbst in der Handschrift der Barberina resp. Vaticana erhalten blieben, an ihn gelangt seien. Den Beweis dafür liefert der folgende Brief des Peiresc.

Rom Bibl. Barb. num. ant. 1975 (nicht im neuen Katalog).

Paris, 2. Juni 1621.

Peiresc an Aleander.

»Delli segni del Zodiaco mi dispiace, che fossero obmessi dal Pittore, per non havervene lasciato il desiderio, che peraltro non vi ricordo cosa degna di consideratione. Volsi ben che si disegnassero nominatamente quelli di Aquario, et del Sagittario, ma precipalmente quello di Aquario per causa della Thiara Phrygia. Per gli altri non mene curai tanto in quella fretta, non vi essendo in quello del Cancro se non l'animale del cancro maritimo senza coda, cioè il Paguro. In quello del Leone, un Lion corrente, in quello della Vergine, una donna stolata, che tiene un ramo, ma assai goffamente rappresentata, in quello di libra (se ben mi ricordo) un adolescente, che tiene la Libra in mano, et in quello del Capricorno, un Capricorno alla Greca cioè un animale mezzo Capro, et mezzo pesce, ma il pesce non è directo, come sono i capricorni Romani fatti sotto Augusto et altri Imperatori, anzi gyrato (*ex corr. ferrat.*) alla de serpenti, come i Greci solevano dipingere le code de' Mostri maritimi. Se il Ms. fosse stato in man mia, non haverei mancato di mandarlene il dissegno per questo Corriere, ma trovandosi passato dalle mani del P. Don Q. di S. Paulo in quelle del Sigr. Puteano, et dalle sue in quelle del Sr. Rigaltio, l' horà della partenza dell' ordinario erà troppo breve per parlare a tante persone, et trovarle. Il Sr. Rigaltio si è appunto incontrato da me quando le scrivevo queste righe, et m'à assicurato, che con il prossimo V.S. haverà una sua lettera insieme con le figure di detti segni fat(e) di sua mano, forsi piu essattamente che dalli pittori, in ogni modo egli le andava debitore di risposta ad alcuna Sua lettera.«

Peiresc hatte also, obwol er die Zeichen des Zodiacus in seinem beschreibenden Briefe erwähnt und sie mit »V.S. werden viel Gefallen finden das Zeichen etc. zu sehen« einführt, dennoch vergessen die Copien beizulegen. Aleander beklagte sich darüber: an ihn wären nur diejenigen Zeichen gelangt, die mit dem ganzen Textblatte copirt worden seien. Darauf hin nun veranlaßte Peiresc, daß, wie wir in dem Codex der Barberina sehen konnen, die fehlenden Zeichen auf einem Blatte vereinigt wurden.

Der eben vorgebrachte Brief liefert uns einen neuen Beweis für die Annahme, daß wir in den erhaltenen Zeichnungen nicht die versprochenen getreuen Copien, sondern lediglich die Skizzen des Peiresc vor uns haben. Denn wie aus einer Stelle (18, 3): »Um die andern (Zeichen) habe ich mich (bei Absendung der Skizzen) in der Eile nicht sehr gekummert« hervorgeht, handelt es sich immer noch um diese Skizzen. Nachdem nun andererseits auf der Ruckseite des Blattes mit den Zeichen des Zodiacus (Barb. Fol. 158) ausdrücklich steht: »*Segni del Zodiaco inseriti nelli Mesi del Calendario M. S. CONSTANTINIANO che vi erano omessi per inavertenza quando si mandarono i disegni dell' altre figure di detto Kale.*« so konnen die barberinischen Copien, unter denen sich dieses Blatt, sie zur Vollständigkeit ergänzend, findet, nur die Skizzen sein.

Erinnern wir uns der Stelle der Nachschrift, wo Peiresc schreibt, er habe das Manuscript nur unter der Bedingung geliehen erhalten, daß er es nicht aus den Händen gäbe und es so bald als möglich wieder zurückstellen werde. Schon dort bedauerte Peiresc, daß der Weg nach Rom zu weit und die Gefahr fur das Manuscript zu grofs sei, sonst hatte er dasselbe trotz der Bedingung in Aleandro's Hände gelangen lassen. Beweis dafür ist uns der eben publicirte Brief, an dessen Schlufs Peiresc gesteht, selbst nicht zu wissen, in wessen Händen sich eigentlich die Handschrift befinde.

Noch Intimeres über die Art des gelehrten Verkehres in jener Zeit enthüllt uns der folgende Brief, welcher im Übrigen nur das bestätigt, was Peiresc schon in seinem Briefe vom 18. December 1620 gesagt hatte.

Rom Bibl. Barb. No. VIII. 21.

Paris, 6. April 1622.

Peiresc an Aleander.

— —

— — — — »Egli (Sirmundus) mi ha poi pregato di dirgli in che termini stava la fatica di V.S. intorno al Calendario. Io gli ho detto, credeva che V.S. l'havesse portata molt' innanzi, Egli mi ha replicato, che V.S. aspettava ancora qualche cosa da me, à che io hò risposto di haverle mandato quanto era stato in poter mio, et ch' io non credeva, che V.S. potesse aspettar altro da me, havendole mandato un fragmento di Kalendario. Nobilissimamente Egli m' ha detto allhora, che doveva essere quello, dove erano le cose allegate dal Cuspiniano[1], io gli ho detto desi, e che c'erano le figure de' mesi con i versi accomodati à ciascheduno. Egli mostrando d'intendere che cosa fosse, ha detto che c' erano certi versi à ciaschedun mese, uno per sorte e non piu, nella compositione de' quali c'era certo mysterio importante, ma ch'egli non voleva palesarlo, benche l'havesse scoperto a V.S. Et poi ricercandomi degli altri particolari, io son stato obbligato di dirgli che poich' egli mostrava sapervi delle cose non communi, ch' egli non mi voleva palesare, Egli non doveva trovar strano, ch'io non volessi palesargli altramente le altre cose rare che s'havevano da cavare di detto Calendario. Il che l'ha toccato un poco veramente, ma non senza avermene dato caggione.«

Die Monatsbilder sind begleitet von an der Seite beigeschriebenen Tetrastichen und auf dem unteren Rande beigefügten Distichen, so zwar, dafs auf der Bildseite der Hexameter, auf der Textseite der ergänzende Pentameter steht und dafs tatsächlich bei jedem Bilde nur ein Vers und nicht mehr stand. Nur auf diesen kann sich daher Sirmond beziehen, wenn er behauptet die darin verborgenen Geheimnisse entdeckt zu haben. Der ganze Brief beweist uns, dafs Aleander an dem Calender arbeitete und darüber mit seinen Freunden correspondirte. Außerdem, dafs jeder derselben Schwierigkeiten in der Deutung gefunden hatte und seine Ansicht möglichst für sich zu behalten suchte.

Girolamo Aleandro starb am 9. März 1629 ohne die Arbeit vollendet zu haben. Seine Papiere kamen in die barberinische Bibliothek. Schon am 23. März wendet

---

1) Dieser hatte bei seine *de consulibus Romanorum commentarii Basel.* 1553 die wichtigeren Stellen des Consul-, Bischof- und Präfectenverzeichnisses der Sammlung benutzt. Vgl. Mommsen S. 562.

[illegible] Holstenius (epp. ed. Boissonade p. 140 cf. p. 271) an Peiresc mit dem Ersuchen, er möge sich bei dem Cardinal Barberini dafür verwenden, dafs nicht Suarez, sondern Doni von ihm mit der Herausgabe der Noten zum Calender beauftragt werde. Philippus a Turre (mon. vet. Antii ed. 3 Romae 1724 p. 223) publicirte ein Fragment daraus und kündigte zugleich an, dafs Justus Fontanini damit umgehe dieselben mit dem übrigen literarischen Nachlafs Aleander's bekannt zu machen. Auch dieser Plan scheiterte (Mommsen S. 550).

Es ist mir durch Herrn de Rossi noch ein Brief bekannt geworden, der für uns unter verschiedenen Gesichtspunkten von nicht geringer Bedeutung ist.

Montpellier, Bibl. de l'école de Médecine Cod. 271 Tom. II p. 481*b*.

Aix, 17. Mai 1619.

Peiresc an den Cav. del Pozzo.

Peiresc beweint den Tod des Aleander und beklagt, dafs der Commentar zum Calender unpubliciert geblieben sei. Dann fährt er fort:

»L'original del Kalendario con le figure non ha altra differenza di colori che nella scrittura, sendo alcune cosette scritte in rubrica et l'altre d'inchiostro negro. Ma le figure sono di solo inchiostro negro disegnate con la penna sopra la carta pecora nè sono molto migliori, che le copie mandate al defonto Sr. Aleandro. ben è vero che io m'era sempre riserbato quando sarebbero finiti i commentarii di farle disegnare più esattamente su rame, s'avevano da intagliare con altre cose convenevoli al soggietto ch'io havevo d'aggiongere dal canto mio con beneplacito dell' amico.«

Nicht nur über das Original bekommen wir hier Nachricht, sondern — und das ist im gegebenen Falle fast wichtiger — Peiresc gibt auch sein eigenes Urteil über die von ihm besorgten Copien ab: Die Originalzeichnungen »sind nicht viel besser, als die an den verstorbenen Aleander gesandten Copien« sagt er. »Doch hatte ich mir bestimmt vorgenommen sie, sobald der Commentar beendet sein würde, genauer auf Kupfer zeichnen zu lassen.« Nach dieser letzten Bemerkung wird ganz unzweifelhaft, was wir zu beweisen uns bisher bemüht haben: dafs wir in den barberinischen Blättern nicht die von Peiresc versprochene getreue Copie, sondern seine sofort an Aleander abgesandten Skizzen vor uns haben. Die erstere war zwar beabsichtigt, aber offenbar nie ausgeführt worden. Was Peiresc aber von den Skizzen bezeugt gilt dann [illegible] vollem Umfang von unseren Tafeln: denn die Photographie [illegible], dafs ein Zeichner, das Original nicht kennend, die Copie stellenweise [illegible] verbessern suchen konnte. Wir bekommen auf [illegible] Weise keine getreue Copie, sondern eben die von Peiresc selbst überwachte [illegible] für die Bearbeitung maßgebende Nachbildung des Originals, vor die wir

DIE BILDLICHE ÜBERLIEFERUNG.

Ein Zweifel daran, daſs die im *Cod. Barb.* XXXI. 39 aufbewahrten und im Anhange abgebildeten Tafeln die an Aleander gesandten Skizzen selbst sind, ist undenkbar, weil sie sich nicht nur vollständig mit der Beschreibung des Briefes vom 18. December 1620 decken, sondern in erster Linie, weil Peiresc mit eigener Hand, wie er es ja auch im Briefe anzeigt (14, 30), auf jedem Blatte den Ort angegeben hat, an dem dasselbe in die ganze Folge einzureihen sei: entweder die fortlaufende Nummer auf der Vorderseite, die der folgenden Tafel auf der Rückseite, oder, wie bei den Monatsbildern, beide Notizen auf der Rückseite.

In dem Codex der Barberina finden wir im Ganzen 23 Blatt. Werden diese in die gehörige Ordnung gebracht, so bekommen wir zunächst die von Peiresc beschriebenen 21 Blätter: den Titel, vier Städtefiguren, eine Victoria, die *Natales Caesarum*, fünf Planeten- und sieben Monatsbilder und zwei Fürstenbildnisse. Außerdem die ursprünglich vergessenen und auf die Nachfrage Aleanders im Briefe vom 2. Juni 1621 (17, 25 f.) angesagten Zeichen des Zodiacus auf einem Blatte vereinigt. Endlich ein dreiundzwanzigstes Blatt: das Bild des Monates Januar, welches sich auf den ersten Blick als eine Fälschung darstellt.

Dagegen werden wir in der barberinischen Handschrift vergebens nach den 14, 37 erwähnten beiden vollständig ausgeführten, wie überhaupt nach irgend welchen Textblättern suchen. Sämmtliche Copien derselben sind von der barberinischen in die vaticanische Bibliothek gekommen, wo sie sich in einem Sammelbande der Papiere des Gaetano Marini (*Cod. lat.* 9135) befinden. Marini war zuerst Bibliothekar der Barberina und kam dann als solcher an die Vaticana. Er hat bekanntlich bei diesem Wechsel Einiges mit herübergenommen. In dem vaticanischen Bande sind neben Abschriften sämmtlicher Briefe an Aleander, neben einer umfangreichen Sammlung von Excerpten, zu denen fol. 256 ein Register, neben den Copien ferner des Titels, der Städtefiguren, der Victoria, der *Natales Caesarum*, der Planeten und des gefälschten Monatsbildes zum Januar — neben all diesen Copien auch die Ueberreste des eigentlichen Calendertextes erhalten.

Die verlorene Originalhandschrift des Peiresc und [illegible] Copie war nach dem beschreibenden Briefe (8, 5) vor mehr als 7—800 Jahren wenigstens geschrieben, doch so, daſs sie getreulich über dem Autograph aus Constantinischer Zeit copirt war. In dem Briefe an Rubens (Millin l. c. p. 223) gibt ihr Peiresc ein Alter von wenigstens 800 Jahren. An einer andern Stelle endlich des beschreibenden Briefes an Aleander sagt Peiresc, von den die Monatsbilder begleitenden Distichen sprechend (11, 10), dieselben waren in römischer Cursive *di 7 o 800 anni in terra* geschrieben, was doch, mit jenen beiden Angaben verglichen, auch nur »wie sie vor 7—800 Jahren üblich war« heißen kann. Das Gleiche gilt von der auf den eigentlichen Calendertext bezüglichen Stelle 10, 37. — Die Briefe sind 1620 geschrieben, die von Peiresc veranschlagte Entstehungszeit seines Originals somit ca. das 9. Jahrh. Auch die Wiener Copie, wenn sie wirklich aus dem Berner Codex geflossen ist, geht auf ein Original des 9. Jahrh. zurück. Demnach haben wir die Zeichnungen, wie sie uns jetzt vorliegen, wahrscheinlich sämmtlich aus dritter Hand: zunächst copirt von Kalligraphen des 9. Jrh., d. i. der Karolingerzeit, dann nach diesen abermals copirt: die Wiener Handschrift kurz vor 1499 ca., die Brüsseler im 16. Jahrh., die barberinische i. J. 1620. Diesen doppelten Durchgangspunkten werden wir in hohem Grade bei der stilistischen Kritik der auf uns gekommenen Redaction Rechnung zu tragen haben. In jedem Falle ist es sehr zu bedauern, daß uns nicht wenigstens das Fragment einer Copie des 9. Jahrh. überkommen ist, da diese Copisten doch wol noch das Original v. J. 354 vor Augen gehabt haben dürften.

Für die Vorlage des Peiresc steht fest, daß sie nur mit der Feder umrissen war. Peiresc betont dies einmal gelegentlich der Städtefiguren gegen Aleander (9 Anm. 5 zu Z. 3) und läßt sich darüber des Näheren in dem Briefe an Puteo von 1639 (20, 1f.) aus: »Das Original des Kalenders mit den Figuren weist einen Wechsel der Farbe nur in der Schrift auf, indem einige Dinge rot, andere mit schwarzer Dinte geschrieben sind. Die Figuren aber sind einzig in schwarzer Dinte mit der Feder auf das Pergament gezeichnet.« Peiresc hat gut getan dies ausdrücklich zu bemerken, weil in seiner Copie mehrere Tafeln getuscht erscheinen. Die Brüsseler Bilder sind reine Umrißzeichnungen, also dem Original entsprechend. Das zweite Archetypon des 9. Jahrh. dagegen könnte farbig gewesen sein, denn die Wiener Handschrift hat vereinzelt Spuren von Buntheit. Doch dürfte weder dies, noch, daß die Peiresc'sche Handschrift jedenfalls einfarbig war, zu einem bestimmten Schlusse auf das Original v. J. 354 berechtigen.

Die Zeichnungen sind in den angehängten Lichtdrucken durchschnittlich ungefähr um die Hälfte reducirt. Diejenigen des Peiresc in der Barberina und Vaticana sind ausgeführt auf Papier von verschiedenem Format. Für den Monatscalender sind Blätter in der Größe von 23.5 × 29.5 cm. genommen, alle übrigen dagegen größer: 23 × 35 cm. Die Brüsseler Zeichnungen sind bei Bucherius etwas verkleinert, die Wiener aber schon bei Lambecius, in der Originalgröße gegeben.

Was die Reihenfolge anbelangt, in der ich die Blätter vorführe, so ist dafür natürlich in erster Linie Peiresc maßgebend und von seinen Angaben wieder zunächst nicht die im Briefe gemachten, sondern die Vermerke auf den Blättern selbst. Die jetzige Zusammenstellung der barberinischen Handschrift berücksichtigt diese nicht. Die Einreihung der ergänzenden Wiener Monatsbilder ergibt sich von selbst. Die Zeichen des Zodiacus sind mit Ausnahme desjenigen zum November auf einer Separattafel vereinigt, aus Gründen, die oben erörtert wurden.

DAS TITELBLATT.

Tafel III (Barb. fol. 1). Am unteren Rande liest man von Peiresc's Hand: »*Primo foglio della seconda parte del manoscritto.*« Diesen zweiten Teil bildet nach der Art der Scheidung des Peiresc, wie wir in seinem beschreibenden Briefe gesehen haben, eben unser Calender im Gegensatze zu allen übrigen Bestandteilen der chronologischen Sammlung. Das vorliegende Blatt eröffnet diesen zweiten Teil, ist sein Titelblatt.

Zwei geflügelte Eroten tragen eine Tafel, auf der man in grofsen, schwarzen Buchstaben in drei Zeilen verteilt liest: VALENTINE | LEGE | FELICITER und neben dem kurzen mittleren *lege* in kleinerer roter Schrift, *in rubrica*, wie Peiresc sagt, links: VALENTINE | VIVAS | FLOREAS, rechts: VALENTINE | VIVAS GAVDEAS. In den dreieckigen Ansätzen an den Seiten der Tafel aber steht in schwarzer Tinte links: FV | RIVS | DIONI | SIVS und rechts: FILO | CALVS TITV | LAVIT. Über diesen schildtragenden Eroten sieht man in einem grofsen, kreisförmigen O disponirt ein Monogramm, dessen einzelne Buchstaben sich wiederfinden in dem zu beiden Seiten angebrachten Grufse, links: VALEN | TINE rechts: FLOREAS | IN DEO. Dieser ganze obere Teil ist in schwarzer Tinte ausgeführt.

Die Gruppe der beiden die Tafel haltenden Flügelknaben ist, wie schon Peiresc gegen Aleander (8, 14) sowol, als in dem Briefe an Rubens[1] bemerkt, in antikem Geiste gehalten, in der Art, wie man sie zumal häufig auf Sarkophagen findet. Mir scheinen sie aber besonders vergleichbar einer Münze des Kaisers Constantius II.[2], in welcher nur die etwas gezwungene Stellung der Beine geändert werden darf, damit sie uns dasselbe bewegte Bildchen zeige, das wir vor uns haben: zwei frische Flügelknaben fassen in symmetrischer Gegenüberstellung mit einer Hand von vorn nach der Unter-, mit der andern von rückwärts nach der Oberkante der Inschrifttafel und halten sie dem Beschauer hin, wobei einer von ihnen diesen beobachtend anblickt. Sie sind nackt, tragen aber um den Hals an einem Bande die Bulla, eine Kapsel von Gold, wie sie Knaben von vornehmer Geburt umzuhängen pflegten[3]. Die Füfse umschliefsen oberhalb der Knöchel Spangen. Der Körper wird gehoben durch eine symmetrisch um ihn geordnete flatternde Chlamys, die man sich um den einen verdeckten Arm geschlungen denken kann.

Dieses Titelblatt findet sich auch in Brüssel und Wien. Doch zeigen es die Publicationen etwas verändert und mit einem, sonderbarerweise bei allen in denselben Punkten fehlerhaften Monogramm, so dafs die Vermutung naheliegt Lambecius (1665—79 und seine Nachfolger) habe den Bucherius (1633) copirt, ein Verdacht, der durch die Erwägung Nahrung erhält, dafs man dem Titel wol keine

---

[1]) Millin p. 113, 223. Mommsen S. 553. [2]) Abg. bei Cohen pl. IX, 14. Garrucci Storia 481, 36.
[3]) Ficoroni, *la bolla d'oro dei fanciulli* etc. Roma 1732 und Pauly Realencyclopädie s. v.

größere Bedeutung zumaß und ihn nach der Sitte jener Zeit reich auszustatten suchte. In beiden Stichen nämlich dient unserem Bildchen eine Draperie als Folie: ein Vorhang, oben in übereinstimmender Weise in bauschige Knoten zusammengefaßt und mit Bändern an Nägel befestigt, die in den Zwickeln eines mächtigen Rustica-Thorbogens stecken. Eine Geschmacklosigkeit, die ohne Frage für das Original ausgeschlossen ist. Zwar sehen wir sie auch in der Wiener Copie, doch erkennt man leicht, daß sie von einem Fälscher mit Benutzung der ursprünglich leeren ersten Seite nach Bucherius ausgeführt ist. Charakteristisch dafür, daß dieser Fälscher, wie auch Sadler, einfach Bucherius nachahmte und andererseits Bucherius das Original nicht genau nachprüfte (wenn der Fehler nicht etwa auch in diesem vorkommt) ist, daß in dem Wiener Original, wie in den beiden Publicationen das Monogramm unvollständig erscheint: es fehlt das S, welches am Querbalken des L angebracht sein soll und ohne das wir in dem Monogramm das *floreas* nicht herausbringen können. Bezeichnend ist ferner, daß in Wien sowol wie in beiden Stichen die Chlamys der Knaben über die Scham gezogen ist, eine Prüderie, die bei Bucherius auch in den Monatsbildern öfter hervortritt, während man sie dem Wiener Zeichner sonst gerade nicht zum Vorwurf machen kann.

Über den in diesem Titel wiederholt genannten Valentinus wissen wir nichts Bestimmtes. Peiresc schlägt dem Aleander bei einer späteren Gelegenheit, wo der Name wieder genannt wird, einen Valentinus vor, der im Papstverzeichnisse bei Aufführung der Bauten des Papstes Julius (337—352) genannt wird: »*basilica in via Flaminia mil. III. quae appellatur Valentini.*« So auch Bucher (p. 273). Diese Conjectur ist unhaltbar, da, wie Mommsen (S. 607) anführt, genannte Basilica dem unter Claudius hingerichteten heiligen Valentinus geweiht gewesen ist[1]. Lambeck dagegen weist auf einen von Ammianus Marcellinus (18, 3, 5) erwähnten Valentinus hin, der, nachdem er *tribunus protectorum ex primicerio* und i. J. 359 *dux Illyrici* gewesen, i. J. 363 *consularis Piceni* war[2]. Diese Verbindung ist immerhin möglich. Ihm ist der Calender gewidmet: »*lege feliciter*«, mit den üblichen Acclamationen. Bemerkt sei hier auch, daß der Gruß »*floreas in deo*« durchaus christlich ist. Darüber, wie über den ebenfalls im Titel genannten Furius Dionisius Filocalus, wird am Schlusse ausführlich gesprochen werden.

Auf der Rückseite des Blattes liest man im barberinischen Codex von Peiresc's Hand: »*Qui va l'imagine di Roma, et nella pagina dirimpetto quella d'Alless. doppo la quale seguarono quelle di Constantinopoli et di Treveri.*«

DIE PERSONIFICATIONEN DER STÄDTE.

Nach der Bemerkung auf der Rückseite des Titelblattes sowol wie nach der Beschreibung in dem Briefe an Rubens[3] und in dem an Aleander (9, 3)

[1]) *Acta Sanct.* Febr. t. II p. 758.

[2]) Vgl. auch Mommsen im C. I. L. I p. 338.

[3]) Mallon p. 124. Mommsen S. 550 unter 3.

folgen nun, wie sich Peiresc kurz ausdrückt, vier von den Hauptstädten des Reiches. Ebenso einfach setzt er sich über die Reihenfolge derselben hinweg: in dem ihm vorliegenden Manuscripte sei die Ordnung eingehalten: Rom, Alexandria, Constantinopel, Trier. Später bei Gelegenheit der Beschreibung des letzten Bildes, der Personification von Trier, erfahren wir allerdings in dem Briefe an Rubens (bei Millin p. 224), womit Peiresc sich diese Folge erklärte: *cela* (das Vorhandensein von Trier) *me fait présumer, que le manuscrit vient de ces endroits-là*. Schon Mommsen (S. 608) hat darauf hingewiesen, daſs dieser Grund nicht stichhaltig sei, weil sowol der Inhalt des Calenders ausschlieſslich auf Rom berechnet ist, als insbesondere deshalb, weil auch der im Titel genannte Filocalus Römer war.

Was uns, wenn wir erwägen, der Calender datire vom Jahre 354, in der Reihenfolge: Rom, Alexandria, Constantinopel, Trier sofort auffallen muſs, ist, daſs Constantinopel in dritter Linie steht, anstatt, wie es doch für jene Zeit bereits nahe läge, in zweiter. Man könnte dafür nur einen Grund geltend machen. Lumbroso[1] constatirt, daſs von allen Schriftstellern des 1. bis 3. Jahrhunderts übereinstimmend der nächste Platz nach Rom Alexandria eingeräumt werde. Josephus (*de bell. jud.* 4, 11, 5) setzt Ἀλεξάνδρεια . . . πρώτης τε οὔσα μετὰ τὴν Ῥώμην ἡ πόλις und (3, 24): Ἀντιόχεια . . . τρίτην ἔχουσα τάξιν. Es läge daher nahe in der Bevorzugung Alexandrias vor Constantinopel eine Nachwirkung dieser vorconstantinischen Schätzung zu sehen, d. h., da eine solche im Jahre 354 nicht gut mehr direct denkbar ist, anzunehmen, daſs diese Städtefolge auf ein älteres Muster und mit Rücksicht auf Constantinopel in eine Zeit zurückgehe, wo Alexandria noch den alten Rang neben der am Bosporus neu entstehenden Roma wahrte; das wäre kurz nach 330, während der Regierung Constantin's des Groſsen. Damit wäre allerdings erklärt, weshalb Alexandria an zweiter Stelle und vor Constantinopel steht. Warum aber folgt als vierte in diesem Kreise die Personification der Stadt Trier!

Wir besitzen eine zweite Aufzählung von Hauptstädten des Reiches aus der zweiten Hälfte des vierten Jahrhunderts, den *ordo urbium nobilium* des Ausonius; da folgen auf Rom, Constantinopel und Karthago, Antiochia und Alexandria, endlich Trier. Baehrens hat bei dem weiter unten zu besprechenden Monatscyclus Abhängigkeit des Ausonius von dem Calender des Filocalus angenommen, und, indem ich mir die Frage vorlegte, ob nicht auch die Aufzählung der Städte in unserem Calender mit der bei Ausonius zusammenhängen könnte, bot sich mir dafür der Schein einer Möglichkeit, sobald ich annahm, daſs die geringere Zahl der Städte in Peirescs Exemplar durch Ausfall eines Blattes mit zwei Städten veranlaſst sei, wie denn ein solcher Ausfall bei den Planetenbildern sicher ist. Bildeten zwei Blätter, eines mit Constantinopel-Alexandria und eines mit Karthago-Antiochia eine Lage in der Handschrift — und das erscheint bei einer Herstellung der Handschrift aus Quaternionen möglich — so konnte, wenn das letztere Blatt verloren ging, das andere bei Peiresc verkehrt gestellt erscheinen — wenn wir die Zurücksetzung von

[1] *L'Egitto dei Greci e dei Romani*, Roma 1882 p. 86.

Constantinopel nicht lieber auf die oben angedeutete Weise erklären wollen. Aber so wäre nur die Zahl und Auswahl, nicht die Reihenfolge des Ausonius erreicht. Um die Abweichung in dieser zu erklären, könnte man allenfalls das Folgende geltend machen.

Wir sahen oben, daſs Alexandria in den ersten drei Jahrhunderten im Range vor allen übrigen Städten gleich nach Rom stand. Der Eintritt Constantinopels als Residenz mochte es an dritte Stelle rücken, aber seinen Vorrang vor Karthago und Antiochia unberührt lassen. Erst als das Christentum Karthago und Antiochia zu zweien seiner Mittelpunkte machte, wäre Alexandria, wo das Heidentum bis auf Theodosius am Serapiskulte einen mächtigen Rückhalt hatte, zurückgetreten. Hiernach wäre denkbar daſs Filocalus, obwol Christ, mit Alexandria an dritter Stelle noch an heidnische Traditionen angeknüpft, Ausonius die spätere, christliche Folge gegeben hatte.

Ich verkenne jedoch die Bedenken nicht, welche dieser Annahme gegenüberstehen, und freue mich daher die folgende Rechtfertigung der Überlieferung bei Peiresc hier einrücken zu dürfen, welche Herr Mommsen so gütig war dem Herausgeber dieser Blätter zur Verfügung zu stellen.

'Daſs der Dichter von Bordeaux in seinem Preis der Städte die seiner Heimathlandschaft bevorzugt, kann nicht befremden. Wenn ferner auf einem in Kroatien gefundenen Kästchen C.I.L. III 3969 um Rom gruppirt sind einerseits Constantinopel und Carthago, andererseits Nicomedia und Siscia, so hat auf die Aufnahme der letztgenannten Stadt ohne Zweifel die Herstellung des Geräths in Illyricum eingewirkt und wird kein verständiger Forscher die abenteuerlichen Combinationen billigen, welche ein früherer Herausgeber daran geknüpft hat. Aus diesem provincialen Documente folgt weiter nichts als daſs jeder nach Belieben die groſsen Städte des Reichs in beliebiger Zahl und in ungefähr beliebiger Auswahl sich zusammenstellte. Aber mit unserer Urkunde steht es anders: sie ist in Rom unter Constantius II geschrieben und zum gröſseren Theil, vielleicht ausschlieſslich aus officiellen Documenten zusammengesetzt; und wenn weder bei dem gallischen Poeten noch bei dem illyrischen Goldarbeiter viel darauf ankommt, warum sie diese oder jene Stadt hinsetzten oder weglieſsen, so darf bei dem Kalligraphen in Rom allerdings gefragt werden: warum vier? und warum diese vier in dieser Folge?

'Die Antwort ist wohl der damaligen Reichstheilung zu entnehmen. Zunächst standen die beiden Reichshälften, die partes Occidentis und die partes Orientis, wenngleich unter einem Herrscher vereinigt, dennoch nebeneinander, das alte Rom neben dem neuen, der Stadt Constantins. Dieser Gleichstellung geben die Bilder dadurch Ausdruck, daſs sie jeder der beiden Hauptstädte im aufgeschlagenen Buch die erste Stelle im Doppelbild einräumen. Daſs dies der vornehmere Platz ist, lehrt nichts deutlicher als das kaiserliche Doppelbild bei Philocalus, der sitzende Kaiser mit dem Diadem dem Beschauer links, rechts neben ihm der stehende Caesar ohne Diadem. Die Gleichstellung der beiden Hauptstädte kommt auf diese Weise in weit schärferer Weise zum Ausdruck, als wenn sie auf einem Doppelbilde vereinigt worden wären, und vielleicht ist eben dies der Grund, weshalb nicht zwei sondern vier Städte dargestellt worden sind.

'Wenn wir in derselben Gedankenreihe weiter gehen, wird sich auch wol die Erklärung dafür finden, warum den beiden Hauptstädten Alexandria und Trier zugesellt wird unter Übergehung von Carthago und Antiochia, die an Bevölkerung und Bedeutung Trier ohne Zweifel überragten. Nicht gerade die vier größten Städte haben wir zu erwarten, sondern diejenigen, durch welche das Reich in seiner Gesammtheit am geeignetsten repräsentirt wird. In der That bestand dies damals abgesehen von den beiden eximirten Hauptstädten aus vier Regierungsbezirken der praefecti praetorio, dem von Italien, Afrika und dem westlichen Illyricum; dem von Gallien, Spanien und Britannien; dem von den östlichen illyrischen Provinzen und dem des Orients nebst Ägypten. Von diesen vier Bezirken wurden der erste und der dritte angemessen durch die in ihnen örtlich begriffenen, wenn auch administrativ nicht zugehörigen beiden Hauptstädte vertreten; in dem zweiten ist wenn nicht die erste doch die kaiserliche Residenzstadt Trier, in dem vierten die volkreichste und bedeutendste Stadt Alexandria. Darum sind diese ausgewählt worden; die Voranstellung Alexandrias vor Trier erklärt sich von selber.'

Die vier uns erhaltenen Städtebilder und vier der folgenden Planetenfiguren unterscheiden sich in dem Codex der Barberina insofern von allen anderen Blättern, als die sonst nur leicht mit der Feder schraffirten Schatten hier mit dem Pinsel getuscht sind. Es ist daher von Wert, daß Peiresc ausdrücklich noch nachträglich in unseren Brief eingeschoben hat (9 Anm. 5 zu Z. 3), diese Bilder der vier ersten Städte des Reiches seien mit der Feder allein ausgeführt. Vielleicht hatte sein Copist, möglicherweise aber auch später Jemand, der an den so ungemein plastisch ausgeführten Gestalten Gefallen und Anregung fand, sie mit Anwendung der dazu besonders geeigneten Tuschmanier weiter ausgestattet. In Brüssel und Wien sind sie nicht erhalten. Was wir an den Blättern der Barberina gegenüber allen folgenden vermissen, ist, daß hier die Umrahmungen fehlen, welche, gleich darauf beginnend, ein Hauptmerkmal der Ausstattung des Calenders bilden. Wir sind somit diesem Städtecyclus gegenüber auf die Betrachtung der Figuren allein angewiesen, zu der wir nun übergehen.

Rom. Tafel IV (Barb. fol. 2). Auf die Vorderseite schrieb Peiresc: *Roma A II.*, auf die Rückseite: *Qui va il Titolo della dedicatione a VALENTINO, segnato A.* Demnach muß dieses Bild auf der Rückseite des Titelblattes ausgeführt gewesen sein, was mit der Notiz auf letzterer vereinbar ist.

Die Deutung ist gesichert durch die Beischrift: ROMA. Von reichen Gewändern umflossen sitzt die Göttin feierlich auf dem reich geschmückten Throne. Das jugendliche, von vollen, auf die Schulter herabfallenden Locken umrahmte Haupt ist von einem Helme bedeckt, welchen drei nach vorn umgelegte Büsche krönen. Spuren auf der Vorderseite scheinen die misverstandene korinthische Gesichtsmaske anzudeuten, der vordere Rand ist mit Edelsteinen besetzt. Ein ärmelloser Chiton der Länge nach in der Mitte mit einem breiten, gemusterten Streifen verziert und um die Hüften gegürtet, umschließt die Glieder, während der durch ein quer über die Brust laufendes Band am Rücken festgehaltene Mantel nur leicht über die linke Schulter geworfen und herabfallend um den Unterkörper gezogen ist, den er vollständig verhüllt. Nur die auf eine breite Basis gesetzten Füße treten hervor. Sie sind mit zwei Riemen verschnürt, die Sohlen sind nicht angegeben. Der nackte, mit einer Spange am Gelenk geschmückte rechte Arm ist erhoben und hält ausgestreckt die Weltkugel, auf welcher Nike schwebt. Sich Roma zuwendend reicht sie ihr mit der Rechten die *corona triumphalis* und hält in der Linken den Palmzweig. Die erhobene Linke der Stadtgöttin dagegen stützt sich auf eine mächtige Lanze. So thront sie wie in einem Heiligtume zwischen zwei seitlich herabfallenden, an Schnüren befestigten Draperien, welche durch bauschige Knoten hochgeschürzt und zurückgezogen werden. Links zu Füßen dieses Götterbildes sieht man einen Putto mit Flügeln, der nackt, mit einer schmalen Binde um den Leib aus einem geschulterten Sacke reichlich Goldstücke auf den Boden schüttet, indem er dabei zur Roma aufblickt: das Bild der *largitio*, wie es uns im 6. Jahrhundert so häufig auf Consulardiptychen entgegentritt, wo diese Figuren allerdings ungeflügelt und als Diener gekleidet erscheinen[7]. Hier hat der römische Künstler diese Gestalt wol zur Andeutung der reichen Gaben angebracht, die Roma seit Jahrhunderten über den Erdkreis ausschüttete. Auf der rechten Seite, dem einen Putto gegenüber, sieht man einen Sack von strotzender Fülle liegen, der, noch geschlossen, für die Zukunft bereit scheint. Die darauf angebrachten Zahlzeichen, welche sich auch auf Diptychen finden, hat Gori im Thesaurus öfter, aber nicht überzeugend zu deuten versucht. Der Thron hat gedrechselte Füße, die Rückenlehne ist mit Ornamenten verziert, auf die wir später zurückkommen.

Roma tritt uns hier in dem seit Hadrian herrschenden Athena-Typus entgegen, ähnlich wie in dem bekannten Wandgemälde, das ebenfalls in einem der Zimmer des Barberinischen Palastes aufbewahrt wird[8]. Unsere Darstellung unterscheidet sich von diesem Gemälde darin, daß Roma in dem letzteren mit der Linken das Scepter, mit der offenen, ausgestreckten Rechten aber direct die Nike hält, welche sich abwendend ihrerseits in der Rechten den Globus trägt, ein Motiv, das später häufig wiederkehrt[9]. Auf Münzen nach Constantin sind Roma und Constantinopolis gewöhnlich vereinigt und zwar in der Art, daß sie zu beiden Seiten eines Schildes sitzend diesen gemeinschaftlich erheben[10]. Roma mit dem Helme in Vorderansicht links. Sie trägt den Ärmelchiton und hat um den Unterkörper einen Mantel in der Art geschlungen, daß der linke Unterschenkel nackt und der Fuß mit dem Amazonenstiefel bekleidet hervortritt. Attribute fehlen ihr. Dagegen

7) Vgl. W. Meyer Zwei Elfenbeindiptychen der K. Staatsbibl. zu München im Katalog No. 13. Ill. pp. 31 und p. 13.

8) Zuletzt reproduciert und besprochen von Körte in der Arch. Ztg. von 1885 S. 4. Taf. IV.

9) Vgl. Pedrusi I Cesari d'oro I tt. IV, VI etc.

10) Kenner, die Roma-Typen (Ber. d. phil.-hist. Cl. der Wiener Ak. d. Wiss. 1857) S. 283. Pedrusi I Tav. 30, VII. Cohen No. 74—90. Du Cange fam. byz. p. 35 ff. Nissen.

findet sich auf Münzen Constantins des Großen[12] und später auf denen Constantius II.[13] auch ein Typus der Roma, wo sie allein dargestellt ist, sitzt und als Attribute den Helm, die Victoria auf dem Globus, Lanze und Schild führt, eine Art der Darstellung, die unserer nahe steht.

Alexandria. Tafel V (Barb. fol. 3). Von Peiresc *A III* bezeichnet. Nach seiner oben citirten Notiz auf der Rückseite des Titelblattes muſs diese Figur Roma gegenüber, also bei aufgeschlagenem Bande Roma links, Alexandria rechts stehen.

ALEXANDRIA, inschriftlich so bezeichnet, eine hohe weibliche Gestalt, steht von vorn gesehen da und erscheint bekleidet mit einem bis auf die nackten Füſse herabfallenden, ionischen Chiton. Dieser ist um den Hals mit einem gemusterten Streifen verziert, die Ärmel sind geschlitzt und oben geknöpft. Darüber trägt sie einen Mantel, der straff über den Leib gezogen, die Körperformen deutlich hervortreten läſst. Er ist oben umgelegt, so daſs sich der pelzartige Futterstreifen quer über die Brust unter dem rechten Arme hervor nach der linken Schulter zieht. Das Ende des Mantels fällt den linken Arm herab. Das jugendliche Antlitz ist von reichen Locken umrahmt, die über der Stirn durch ein Band zusammengefaſst sind. Aus ihnen ragt der Schmuck zahlreicher Kornähren hervor. In der ausgestreckten Rechten, die wie die Linke mit einer Spange am Knöchel verziert ist, hält sie, wie Peiresc (9. 9) meint, *dattili* (*datteri*, Datteln), wie mir scheint, ein Öl- oder Lorbeerreis, in der Linken dagegen Zweige des Granatbaumes, eine Orange, Kornähren u. dgl. Zu beiden Seiten des Kopfes erblickt man wie durch Fenster oder als an die Wand gehängte Gemälde je ein Lastschiff, das mit aufgehißtem Segel und eingelegtem Steuer über das Meer fährt[14]. Links und rechts von der auf einer Basis stehenden Göttin sehen wir geflügelte Knaben, welche auf Leuchtern steckende, brennende Fackeln hoch halten. Sie gleichen in der Bewegung den die Tafel tragenden Putten des Titelblattes, sind ebenfalls nackt und haben um den Leib eine schmale Binde geschlungen, deren Enden neben ihnen aufflattern. Die Arme sind mit doppelten Spangen geziert.

Alexandria tritt uns hier als Abundantia entgegen, eine Art der Personification, wie wir sie öfter für Ägypten und die Städte der africanischen Nordküste, so insbesondere, wie schon Peiresc bemerkt, auch für Karthago angewendet finden. Speciell für Alexandria, den Hafen der Kornkammer Italiens, scheint sie am passendsten. »*Civitas opulenta dives fecunda*« nennt sie Hadrian[15]. Der Rhetor Aristides vergleicht sie dem Halsschmucke einer reichen Frau[16]. Ausonius singt: *Haec Nilo munita . . . fecunda et tuta superbit.* Zum Typus der Abundantia stimmen ihre Attribute: die reichen Kornähren und als Zeichen unerschöpflicher

12) Vgl. Du Cange l. c. p. 13 und 17.
13) Cohen No. 206 f vgl. ibid. Du Cange p. 31 ff.
14) Ahulfeda, *Notitia dignitatum ed.* Seeck p. 162.
15) Flav. Vopiscus *Saturnin.* c. 8.
16) Aristid. *or.* XIV p. 223—225. Vgl. Friedländer Sittengeschichte Roms III 1871 S. 109.

Fruchtbarkeit der Granatapfel[17]. Diesem Sinne angemessen sind ferner die beiden Lastschiffe, welche das reiche Erträgnis der Ernte über das Meer hin in ferne Lande tragen[18].

Auf der Rückseite des Blattes liest man: *Qui va Constantinopoli segnata A IIII.*

Constantinopel. Tafel VI (Barb. fol. 4). Von Peirese *A IIII* und rückwärts: *Qui va Alexandria segnata A III* bezeichnet. Demnach stand im Originale des Peirese Constantinopel an dritter Stelle, mit Alexandria Rom gegenüber auf der Vorderseite.

Die Inschrift CONSTANTINOPOLIM im Accusativ steht nicht vereinzelt da[19]; Peirese hat das M unterstrichen. Die Gestalt steht aufrecht, trägt einen lang herabfallenden ionischen Chiton, der um den Hals mit Edelsteinen geschmückt und hoch gegürtet ist. Die Füße treten nur wenig hervor und sind bekleidet. Der um den Leib geschlungene Mantel ist, wie bei der Roma, über die linke Schulter gezogen und fällt rückwärts in breiten Falten herab. Das vornehm geradeaus blickende Gesicht, dessen Ausdruck sehr an den einzelner Köpfe im byzantinischen Kosmas Indikopleustes der Vaticana[20] mahnt, umgeben auf die Schultern herabfallende Locken, welche von einem Diadem und einer dreizinnigen Mauerkrone umschlossen werden. Die Rechte ist erhoben und hält zierlich eine *corona triumphalis*, während die mit drei Armbändern geschmückte Linke die lange, auf den Boden gestemmte Lanze umfaßt. Über dieser imposanten, hohen Gestalt schweben zwei Putten, welche über dem Haupte derselben eine zweite Triumphalkrone halten, wobei sie beide voll nach dem Beschauer blicken. Unten zu beiden Seiten andere Genien. Links ein reizendes Motiv: ein Putto hat sich gebückt und stützt den Oberkörper, indem er beide Arme auf die Kniee stemmt; ein anderer ist auf seinen Rücken gestiegen und erhebt, indem er mit der Linken zierlich nach dem Ende seiner Leibbinde faßt und andächtig zu der Frauengestalt emporblickt, mit der Rechten eine brennende Fackel. Diesen beiden gegenüber sieht man einen dritten geflügelten Knaben, der mit der erhobenen Leuchte davoneilt und zurückblickend die etwas unförmige linke Hand geöffnet nach der Richtung seiner Bewegung erhebt. Links liegt zu Füßen der Göttin ein geldstrotzender, geschlossener Sack.

Peirese meint, die Gestalt der Constantinopolis sei mit der Mauerkrone ausgestattet, wie sonst Antiochia, was ihm außergewöhnlich erscheint, als habe sie den Platz derselben einnehmen wollen. Auch der statuarische Typus der Antiochia[21], welcher auf Eutychides, Lysipps Schüler, zurückgeführt zu werden pflegt, weist die

[17]) Vgl. über andere Darstellungen der Alexandria *Bull. della com. arch. com.* 1877 Tav. XVIII. XIX. Arch. Ztg. XVI S. 217 und XXXV S. 181.

[18]) Den fruchttragenden Ernten, hier wie unten bei Constantinopel, weiß ich keine überzeugende Deutung zu geben.

[19]) Vgl. die Inschrift CONSTATINOPOLIM an dem Pavimento von S. Giovanni Evangelista in Ravenna. Phot. von Ricci No. 303.

[20]) Abg. bei Kondakoff im Atlas Taf. V und VI und bei Garrucci Tav. 151.

[21]) Nachgebildet auch auf der Münze Julian's bei Du Cange l. c. p. 39.

Mauerkrone auf, hat sonst aber mit dem Calenderbilde des Filocalus Nichts gemein. Auch die Ähnlichkeit, welche man zwischen jenem Typus und den Sitzbildern der Constantinopolis auf bereits erwähnten Münzen, wo Constantinopolis und Roma gruppirt erscheinen, und noch andern Münzbildern[79] finden könnte, sind zu allgemeiner Natur, um darauf hin einen Zusammenhang der künstlerischen Darstellung beider Hauptstädte annehmen zu können.

Auf Münzen des Constantius trägt Constantinopolis bald eine Victoria auf dem Globus und das Scepter[80], bald hält sie einen Lorbeer- oder Olivenzweig und ein Füllhorn, während eine hinter ihr stehende Victoria sie krönt[81]. Auch in unserer Darstellung wird sie gekrönt, doch statt von der Victoria von Putten, die der Künstler, wie es scheint, mit Vorliebe bildete.

Trier. Tafel VII (Barb. fol 6). Von Peiresc *H. V.* bezeichnet.

Die Inschrift TREBERIS sichert die Deutung dieses letzten Städtebildes. Trier ist dargestellt als Amazone, die einem gefesselten Germanen die Hand aufs Haupt legt. Sie trägt einen Helm mit wahrscheinlich falsch copirtem und deshalb absonderlichem Federbusch und flatternden Bändern, einen doppelt gegürteten, mit Säumen geschmückten Chiton, der die rechte Brust freiläßt. Jagdstiefel und eine von der linken Schulter herabfallende Chlamys vervollständigen ihr Costüm. Sie legt die Linke auf den neben ihr stehenden Schild und hält mit derselben Hand zugleich die geschulterte Lanze fest. So wendet sie sich etwas nach links und legt die Rechte schwer auf das Haupt einer kleineren männlichen Gestalt, welche mit auf den Rücken gebundenen Händen, unter dem Druck der Faust des Siegers wie zusammenbricht. Dieser Gefangene, durch das reiche Haar und den vollen Bart als Germane gekennzeichnet, ist gekleidet in einen kurzen, mit Schulter- und Bruststücken geschmückten Rock und Hosen. Zu seinen Füßen liegen seine Waffen: Schild, Bogen und Köcher. Über ihm hat der Künstler andere bezeichnende Attribute wie in der Luft schwebend angebracht: das Trinkhorn, den Becher, eine Trinkschale und eine Art Kantharos, alle reich mit Edelsteinen besetzt. Auf der rechten Seite fällt hinter der Amazone ein an Schnüren hängender und wie bei der Darstellung der Roma drapirter Vorhang herab.

Unter der Gestalt einer Amazone wurde bis auf Hadrians Zeit, später seltener Roma dargestellt. Diese Art der Personification ist hier auf die Stadt Trier übertragen und ihr zugleich eine Function gegeben, die sich mit ihrem Range als erstes der Bollwerke gegen die unruhigen Germanen nur zu gut vereinigen läßt. Ebenso

[79] z. B. auf der Münze Constantin's d. Gr., wo sie als Attribut ein Füllhorn hat (Berl. Zeitschrift für Numismatik III S. 125) und auf einem Goldmedaillon des Constantius, in Antiochia geprägt, wo das Scepter und die Nike auf der Weltkugel, also wie im Calender bei der Roma, ihre Attribute sind. (Im Besitze des Herrn [illegible] in Wien. Numismatische Zeitschrift I Taf. XIV, 3.) Vgl. auch die Antiochia und Constantinopolis der Tabula Peutingeriana.

[80] Cohen No. 179.

[81] Cohen No. [illegible] — [illegible] Numismatische Zeitschrift I, Taf. XIV, 3.

schildert sie Ausonius. Die Composition hat eine entfernte Ähnlichkeit mit der bekannten Athenagruppe im Pergamenischen Friese. Einen Gefangenen am Haare schleppend treten uns auf Münzen auch Kaiser des 4. Jahrhunderts entgegen[79].

Auf der Rückseite des Blattes liest man: *Qui va la Vittoria che scrive nel clypeo, segnata H.*

DIE VICTORIA.

Tafel VIII (*Barb.* fol. 6). Auf der Vorderseite heißt es: *Dirimpetto a questo, va il calendario dei »Natali Cesarei«*, auf der Rückseite: *Qui va l'imagine di Treveri.* Somit müssen wir, sobald die Seite mit Trier umgeschlagen ist, auf der linken Seite die vorliegende Darstellung und gegenüber die *Natales Caesarum* haben. In Brüssel und Wien fehlt dieses Blatt.

Wir sehen die geflügelte Victoria von bekanntem Typus, welche nach rechts gewandt den linken Fuß auf einen Stein setzt und einen Schild auf den Schenkel stützt, auf den sie, ihn festhaltend, mit einem Griffel schreibt: SALVIS | AVGVSTIS FELIX | VALENTI | NVS. Der Rand des Schildes ist mit einem Streifen von aufeinander folgenden Kreisen und Rhomben mit eingezeichneten Kreuzen geschmückt, einem Ornament, dem wir noch öfter begegnen werden. Die weibliche Gestalt ist in den Formen, vielleicht durch die Schuld des Copisten, nicht gut geraten und erinnert ziemlich stark an ihre der Entstehungszeit nach etwas älteren Schwestern vom Constantinsbogen. Sie ist bekleidet mit einer langen, hochgegürteten Tunica mit Überschlag, deren Säume reich gemustert sind. Die Arme erscheinen nackt und mit zwei Spangen geziert. Das Haar wird über der Stirn durch ein Band in einen Knoten zusammengefaßt. Den Raum rechts unter dem Schilde füllt ein Adler mit ausgebreiteten Schwingen, das Zeichen Jupiters und des triumphirenden Imperators. Links sieht man Spuren einer Basis.

Der im Titelblatt genannte Valentinus kehrt hier in der Inschrift wieder. War er dort derjenige, dem die Widmung galt, so tritt er hier in die Rolle des Widmenden den Augusti gegenüber. Die Form dieses Votums steht nicht vereinzelt da. Henzen hat[80] eine im *Palazzo Chigi* in Rom befindliche kleine Marmorbasis publicirt, auf der man liest:

SALVIS AVGG
FELIX
N O R T I V S[81]

Nach Henzen ist dies eines jener gewohnten Gelübde für die Wolfahrt der Herrscher, welches gemäß der Sitte der Zeit genügte, um das Glück des Zueignenden zu begründen. Valentinus also empfiehlt sich hier dem Kaiser: in dem Falle, daß er selbst der Besteller des Calenders war; oder der Compilator desselben, der dem

---

79) Vgl. Cohen VI pl. XI, 23. Garrucci Storia 481,23. Du Cange p. 19 und 37.

80) *Bull. dell' Inst.* 1867 p. 202.

81) Vgl. dazu C. I. L. III, 51: *salvo domino felix Sevigenus s(ervus) fins* und die Acclamation: *salvo ... et securi ...* Script. hist. aug. Commodus 18, 14.

Valentinus seine Arbeit oder gerade das uns erhaltene Exemplar derselben widmete, geht aus eigenem Antriebe weiter, indem er ihn in passender Form der Gunst der Augusti empfiehlt.

DIE NATALES CAESARUM.

Tafel IX. (*Barb.* fol. 7). Auf der Bildseite von Peiresc bezeichnet: »*Natales Caesarum*.« Da wir vorhin unterhalb der Victoria lasen, dafs diese gegenüber den *N. C.* stehe, so müssen wir bei aufgeschlagenem Bande links die Victoria, rechts die *N. C.* haben. Peiresc gab dieser Tafel den Buchstaben C, doch vergafs er ihn beizusetzen. Die Bezeichnung aber ist sicher, da die Victoria B, die folgende Tafel D signirt ist. Die *Natales Caesarum* finden sich nur in der Handschriften-Familie, welche auf das Original des Peiresc zurückgeht, also aufser in dem barberinischen Codex noch in Brüssel; in Wien fehlen sie. Doch auch die Brüsseler Copie zeigt nur den Text; die uns hier in erster Linie anziehende Umrahmung ist weggefallen.

Die Inschrift NATALES CAESARVM wird durch den folgenden Text selbst erklärt: es sind die Geburtstage derjenigen Kaiser, welche consecrirt waren und deren Jahrestage man feierte. Über den Text ist vielfach gehandelt worden.

Was die bildliche Ausstattung der Tafel anbelangt, so sehen wir zwei Arcaden, geschlossen durch einen geraden Architrav, auf diesem, über den Intercolumnien sich erhebende Lünetten. Darüber liegt ein zweiter Querbalken, den man entweder als Abschlufs des von dem ersten aufsteigend gedachten Mauerwerkes oder als mit dem Unterbau nur durch die schwachen Seitenstützen verbunden ansehen kann. Über dem oberen Architrave wölbt sich in der Mitte eine gröfsere Lünette, deren Enden auf kurze Seitenlager stofsen, welche die Inschrift NATALES | CAESARVM tragen. In der Lünette sieht man einen Kaiser und aufserhalb derselben, auf den Querlagern aufstehend, zwei Victorien, welche Palmzweige oder dergleichen gegen den Kaiser senken. Diese beiden Figuren sind in der Copie des Peiresc ganz skizzenhaft, aber flott behandelt, ein Beweis, dafs das Blatt weder durchgezeichnet, noch genau nach dem Original aus dem 9. Jahrh. copirt worden sein kann.

Der Kaiser ist charakterisirt durch den Nimbus, die Chlamys und vor Allem dadurch, dafs er in der Linken die Weltkugel hält, auf der ein Phönix, erkenntlich an Gestalt und Strahlennimbus, sitzt. Dieses Attribut findet sich zuerst auf Münzen der Söhne Constantin's, besonders denjenigen des Constans[36] und des Constantius[37]. Es ist nicht schwer zu bestimmen, welchen dieser beiden wir vor uns haben. In den *Natales Caesarum* finden wir einen Constantius und einen Constantin als *divi* bezeichnet, einen zweiten Constantius dagegen als *dominus noster* (im August), d. h. als den lebenden, eben regierenden Kaiser. Haben wir in dem *divus Constantius* den Vater Constantin's des Grofsen Constantius Chlorus, in dem *divus Constantinus* Constantin den Grofsen selbst zu erkennen, so kann der *d. n.* nur Constantius II,

[36] Cohen No. 112–114, vgl. auch 128, 123. [37] Cohen No. 159, 215, 216; vgl. auch 233, 234.

dessen Sohn, sein. Er ist in der Lunette dargestellt und unter seiner Alleinherrschaft (350–361) muſs somit diese Tafel in der Fassung, in der wir sie vor uns haben, ausgeführt sein*). Der Kaiser ist bartlos, trägt kurzes Haar und wendet den Kopf leicht nach links. Porträtähnlichkeit und Übereinstimmung mit dem scharfgeschnittenen Typus der Münzen kann nach dem wiederholten Copiren nicht gut mehr verlangt werden.

In dieser Tafel haben wir zum ersten Male jenes eigentümliche Decorationssystem vor uns, welches im Zusammenhange mit der antiken Bildung der Figuren besonders in den Städte- und Planetenbildern diesem Calender seine besondere kunstgeschichtliche Bedeutung gibt. Diese Umrahmung hat wol nur deshalb bis heute keine Beachtung gefunden, weil sie, in den Wiener und Brüsseler Copien nicht berücksichtigt, mit der Barberinischen Copie unbeachtet und vergessen dalag. Es wird gerechtfertigt erscheinen, wenn ich sie zur Begründung des besonderen Interesses näher in's Auge fasse, als es die begleitende Rolle rechtfertigt, die sie nach den Intentionen des Künstlers dem Figürlichen gegenüber einzunehmen bestimmt war. Doch muſs gleich von Vornherein die Überzeugung ausgesprochen werden, daſs alle diese einzelnen Muster im Originale gewiſs mit groſser Sorgfalt ausgeführt waren, entsprechend der gewissenhaften Durchbildung der Figuren, zum mindesten jedenfalls geduldiger als der Copist des Peiresc sie uns übermittelt hat. Es tritt, besonders in den späteren Blättern, deutlich hervor, daſs dieser Copist sich stets zuerst das Gehäuse des ganzen Blattes entwarf und dann das Ornament flüchtig über den vorgeschriebenen Raum verteilte, ohne eigentlich genauere Übereinstimmung mit der Vorlage erzielen zu wollen. Es kam ihm darauf an den Gesammteindruck wiederzugeben, nicht aber die Feinheiten bis ins kleinste Detail nachzuahmen. Man beachte zum Beispiel nur, wie ungenau die Pilasterschäfte auf der Basis aufstehen, wie die Begrenzungslinien meist über das Kapitell weggezogen sind und dgl. mehr. Diese Flüchtigkeit ist ja im Gefolge der Eile, mit der die Skizzen angefertigt wurden, und von der uns das Postscriptum ein charakteristisches Bild entwirft, nur zu begreiflich.

In dem Blatte der *Natales Caesarum* wie in den folgenden Blättern sehen wir stets ein System von meist wenig constructiv zusammengefügten Pilastern, Architraven, Lunetten oder einem Giebel. Und alle diese einzelnen Glieder sind, soweit sich irgend ein streifenförmiger oder sonst passender Raum findet, überdeckt mit geometrischen, seltener einmal mit Pflanzen-Ornamenten. In unserem Blatte stehen die Pilaster auf einem schmalen suggestus, der, wie ausnahmslos auch alle übrigen Teile, doppelten Umriſs zeigt. Sogar dieses Fundament ist ornamentirt und das mit einer Art Mäander, allerdings nicht in der edlen Linienführung der griechisch-römischen Kunst. Hier sieht man deutlich wie der Copist zuerst die eckige Form nachzuahmen suchte, später aber nur flüchtig Curve auf Curve häufte. — Auf diesem Boden erheben sich in gleichen Abständen drei Pilaster. Die Basis derselben besteht aus einer viereckigen Unterlage, einem vorspringenden Polster, einer Hohlkehle und

*) Bei Kondakoff franz. Ausg. p. [illegible] herrscht darüber Verwirrung.

einem schwächeren Polster. Der Schaft erscheint stets ornamentirt, die Muster sind verschieden. Die beiden äußeren Pilaster zeigen eine Folge von Doppelkreis, Rombus und Quadrat, ein System, für das wir eine Analogie am ehesten in dem Wechsel von Quadrat und Ellipse haben, dem wir häufig in Mosaiken und Elfenbeinsculpturen seit dem 5. Jahrh. begegnen[illegible]. Der mittlere Schaft dagegen zeigt jenes System zweier ineinander geflochtener Seile, dem man schon in der altgriechischen Kunst begegnet[illegible] und das später, d. h. ungefähr gleichzeitig mit unserem Calender ein Lieblingsmotiv der christlichen Sarkophage geworden ist. Die Kapitelle sind stets gleich gebildet: korinthisch, wobei jedoch der sonst reiche, die Wurzel umwuchernde Akanthusschmuck eingeschränkt ist auf die Ausfüllung des Zwischenraumes zwischen den meist direct aus der Wurzel aufsteigenden Voluten, die, oben getheilt, sich in gewohnter Weise nach innen und außen umlegen. Über den Voluten liegt ein Doppelabacus, dessen Mitte eine Blume ziert. — Diese Pilaster werden stets durch einen geraden Architrav abgeschlossen, welcher hier mit aneinander gereihten, überhöhten Rundbogen ornamentirt ist. Die Randleisten der darauf lastenden Lünetten zeigen wieder das Flechtornament, während das innere Feld durch ein System von Ranken ausgefüllt wird, welches, aus einem Wurzelblatte entspringend, sich so lange teilt und fortsetzt, bis der ganze Raum ausgefüllt ist. Der über diesen Rundbogen lastende zweite Querbalken ist mit einem in diesem Calender stets wiederkehrenden Ornamente geschmückt, für das ich sonst keine Analogie habe finden können: es sind in geringer Entfernung nebeneinander gesetzte Kreise, in die stets von oben her ein kleiner Halbkreis einsetzt, so daß man das Ganze als ein umgelegtes Kreisblatt bezeichnen könnte. In einem der entstandenen Zwickel links sieht man eine Hand, die einen Schreibstift kunstgerecht gefaßt hält: eine wunderliche Spielerei, die sonst nicht wiederkehrt. — Die Ornamentik der krönenden Lünette endlich ist in zwei Streifen geordnet, deren innerer aneinandergereihte Kreise, deren äußerer abwechselnd von oben oder unten ineinandergreifende Vierecke mit eingezeichneten Doppeldiagonalen zeigt. Das erste Ornament war wol zu allen Zeiten in der Kunst gebräuchlich, das letztere ist eigenartig. Die Lünette wird nach oben hin von einem Kranze von Halbkreisen abgeschlossen. Ich begnüge mich hier mit der eingehenden Beschreibung, indem ich vorerst nur wünsche die Aufmerksamkeit auf dieses eigenartige Decorationssystem zu lenken.

Auf der Rückseite des Blattes liest man von Peirese's Hand: *Qui va il planeta di saturno, che sarà seguato D . . . . . seguiranno gli altri pianeti.*

DIE PLANETEN.

Nachdem so der eigentliche Calender mit den *Natales Caesarum* begonnen hat, schließt sich der astronomisch-astrologische Teil daran an. Derselbe führt die sieben Planeten vor mit den astrologischen Regeln, welche für die von jedem einzelnen beherrschten Tage und deren Nacht- und Tagstunden gebräuchlich

[illegible]) In S. Agnese, S. Venanzio, in Ravenna, am Maximian-Stuhl, auf Diptychen etc.

[illegible]) Vgl. z. B. Owen Jones Grammatik der Ornamente S. 35.

waren. Dieser Teil des Calenders gibt uns einen trefflichen Einblick in den in jener Zeit blühenden Aberglauben. Burckhardt erzählt [29], daß, sobald es sich z. B. um Testamente und Erbschaften handelte, die Haruspices angerufen wurden, um in den Eingeweiden der Tiere Bescheid zu suchen; »ja ganz Ungläubige«, fährt er fort, »mögen doch weder über die Straße, noch zu Tische, noch ins Bad gehen, ohne sich in der Ephemeris, dem astrologischen Calender, nach dem Stand der Gestirne umzusehen«. Hier haben wir eine solche Ephemeris. In diesem astrologischen Cyclus haben die einzelnen Planeten ganz bestimmte Bedeutungen: Saturn und Mars gelten als *N(oxii)*, Mercur, Sol und Luna als *C(ommunes)*, Jupiter und Venus als *B(oni)*. So sagt Petron (Satiren 30), daß man auf einer Tafel gesehen hätte: »*lunae cursum stellarumque septem imagines pictas; et qui dies boni quique incommodi essent*«. Näheres über diese Bezeichnungen gibt Mommsen a. a. O. S. 567. In unserem Calender finden sich außer ihnen auch noch auf jeder Tafel Sprüche, welche angeben, was an dem betreffenden Tage mit Nutzen getan werde, und weiter: *qui nascentur periculosi* oder *vitales erunt*, *qui recesserit invenietur* oder *non invenietur*, *qui decubuerit periclitabitur* oder *convalescet*, *furtum factum invenietur* oder *non invenietur*, je nachdem der Tag *noxius* oder *communis* ist. Die Planeten der dritten Kategorie, Jupiter und Venus mit dem Prädicate *Bonus* sind leider verloren gegangen. Sie fehlten schon in dem Originale des Peiresc, wie er selbst zum öfteren angiebt. Bestätigt wird dies durch die Copien des Textes in Brüssel, wo ebenfalls nur der Text zu unseren fünf Planeten erhalten ist. Die Illustrationen fehlen hier überhaupt. In Wien ist vom astrologischen Calender nichts zu finden. Doch hatte Herr de Rossi die Güte mir seine Abschrift der, wie ich in der Einleitung (S. 3) erwähnte, im *Codex Sangallensis* No. 878 p. 240 vollständig erhaltenen astrologischen Regeln zur Publication zu überlassen. Es sind die folgenden:

SATVRNI DIES N. Saturni dies horaque ejus cum erit nocturna sive diurna, omnia obscura laboriosaque fiunt. qui nascentur periculosi erunt, qui recesserit non invenietur, qui decubuerit periclitabitur, furtum factum non invenietur.

SOLIS DIES C. Solis dies horaque ejus cum erit nocturna sive diurna, viam navigium ingredi, navem in aquam deducere utile est. qui nascentur vitales erunt, qui recesserit invenietur, qui decubuerit convalescet (ms. convalescit), furtum factum invenietur.

LVNAE DIES C. Lunae dies horaque ejus cum erit nocturna sive diurna, stercus in agro(s) mittere, putea, cisternas fabricare utile est. qui nascentur vitales erunt, qui recesserit invenietur, qui decubuerit convalescet, furtum factum invenietur.

MARTIS DIES N. Martis dies horaque ejus cum erit nocturna sive diurna, nomen militiae dare arma militaria conparare (? oder capere? ms. compari) utile est. qui nascentur periculosi erunt, qui recesserit non invenietur, qui decubuerit periclitabitur, furtum factum non invenietur.

MERCVRII DIES C. Mercurii dies horaque ejus cum erit nocturna sive diurna, vilicum, actorem, institorem in negotium ponere utile est. qui nascentur vitales

29) Die Zeit Constantin's d. Gr. 2. A. p. 436.

erunt, qui recesserit invenietur, qui decubuerit cito convalescet, furtum factum invenietur.

IOVIS DIES B. Iovis dies horaque ejus cum erit nocturna sive diurna, beneficium petere, cum potente colloqui, rationem reddere utile est. qui nascentur vitales erunt, qui recesserit cito invenietur, qui decubuerit convalescet, furtum factum invenietur.

VENERIS DIES B. Veneris dies horaque ejus cum erit nocturna sive diurna, sponsalia facere, pueros puellas(que) in disciplina(m) mittere utile est. qui nascentur vitales erunt, qui recesserit invenietur, qui decubuerit convalescet, furtum factum invenietur.

De Rossi setzt diese Abschrift in's 9. Jahrh. Auf meine Anfrage an die St. Gallener Bibliothek hin teilte mir Herr Oberbibliothekar Idtensohn bereitwilligst mit, dafs 1) der Cod. 878 von Ild. v. Arx in's 9. Jahrh. gesetzt werde, weil auf S. 283 die Jahreszahl »*anno Domini 809*« stehe, Scherrer sie dagegen wegen der engzusammengerückten Schrift mit scharfen Abschnitten in's 11. Jahrh. datire. Die Hs. stamme aus Tschudi's Nachlafs, sei also nicht in St. Gallen geschrieben. Dafs der Codex 2) viele andere Stücke enthalte (unter denen ich nichts finde, das für uns von Interesse wäre), 3) dafs keine Bilder darin vorhanden seien, außer einem auf S. 277, ein Labyrinth darstellend. Nach alldem scheint meine in der Einleitung angedeutete Conjectur, wir hätten in dem St. Gallener Codex Auszüge der Bild und Text des Calenders begleitenden Beischriften gerechtfertigt. Da die Datirung zwischen dem 9. und 11. Jahrh. schwankt, so steht nichts im Wege das Original in der Berner Handschrift zu sehen, wie auch der Gebrauch von *quae* im Pentameter des December-Reimes nahegelegt.

Die Darstellungen der einzelnen Planeten, resp. der Gottheiten, nach denen sie benannt werden, sind in unserem Calender wie die Städtefiguren von echt antikem Charakter. Aber noch mehr: die Vergleichung ihres Typus und der ihnen beigegebenen Attribute mit denen anderer antiker Planeten-Darstellungen wird ergeben, dafs sie sich in Allem durchaus der für sie in römischer Zeit gebräuchlichen Typologie unterordnen. Für den Nachweis dieser Tatsache ist mir de Witte's Untersuchung »*Les divinités des sept jours de la semaine*«[30] eine wertvolle Vorarbeit gewesen. Zwar beschränkt er sich, wie schon der Titel sagt, lediglich auf diejenigen Planetencyclen, welche unzweifelhaft, wobei die richtige Aufeinanderfolge entscheidend ist, die sieben Tage der Woche vorstellen. Doch bringt er schon damit so hinreichendes Material bei, dafs ich mit Zugrundelegung desselben allein meinen Zweck vollständig erreiche. — Die antik-römische Kunst liebte die Darstellung der Planeten, das sehen wir in ihrem häufigen Vorkommen. Noch Fulgentius[31] berichtet im 6. Jahrh. über die Art und Weise, wie sie gebildet wurden. Doch tritt schon bei ihm und noch mehr bei den Schriftstellern des Mittelalters Albricus[32] und den vaticanischen Mythographen[33], die Fulgentius, Varro, Remigius u. A. aus-

[30]) *Gazette archéologique* 1877 p. 50 ff., 77 ff., 1879 p. 1 ff.

[31]) *Mythologiarum libri III.*

[32]) *De deorum imaginibus.*

[33]) Bei Mai *Class. auct.* Bd. III. Bode *Script. rer. myth. lat. tres.*

schreiben, hervor, daſs alle irgend bekannten Sagenstoffe herangezogen und mit dem ursprünglich einfachen Typus verbunden werden. Künstlerisch gestaltet jedoch begegnen wir den Planeten auſser in astronomischen Schriften, wie dem Arat der Leydener Bibliothek, im Mittelalter nicht. Die christliche Kunst hatte sich noch nicht mit den heidnischen Göttergestalten auseinandergesetzt. Erst Dante's Paradies bringt sie dem Volke näher und wir finden ihren Cyclus dann vereinzelt auch in Monumenten, wie angeblich am *Palazzo ducale* in Venedig[36] und im Salone des *Palazzo della Ragione* zu Padua[37]. Erst um 1500 treten mit der vollen Renaissance der antiken Ideen auch die Planetenbilder wieder in den Kreis der beliebten Kunstdarstellungen ein. So stellt sie Perugino im *Cambio* zu Perugia[38], Pierino del Vaga in der *Sala del Cammino*[39] des *Appartamento Borgia* dar. Seitdem findet man sie wiederholt zur Decoration von Decken verwendet.

Bevor wir nun zur Betrachtung der einzelnen Planeten übergehen, empfiehlt es sich ihre decorative Ausstattung zusammenfassend zu behandeln, da diese auf allen fünf Tafeln fast die gleiche ist. Wie bei den *Natales Caesarum* haben wir auch hier ein Gerüst von Pilastern, Architraven und Lünetten, nur constructiv fast noch unmöglicher durcheinander geworfen. Diese Combinationen sind das Product einer unsicheren, durch keine lebensfähigen Principien geleiteten Phantasie, die althergebrachte Bauglieder verwertet, je nachdem es die Raumeinteilung verlangt, ob sie nun in dieser Verbindung möglich sind oder nicht. Dazu die Sucht jede nur denkbare Fläche mit Ornamenten zu bedecken und die einzelnen Motive ohne entsprechende Wahl anzuwenden. — Die schmale Basis ist in den Planetenbildern bald mit einem Rankenornamente geschmückt, welches gleichzeitig auch in den Malereien der Katakomben, als Lieblingsornament aber auf christlichen Sarkophagen erscheint, — bald auch mit jener Mäanderart, die schon die *Natales Caesarum* zeigten. Auf dieser Basis stehen zu beiden Seiten Gefangene, welche lebhaft an die Statuen gefangener Barbaren erinnern, die in der späteren Kaiserzeit so häufig verwendet wurden und die auch das moderne Rom noch allerorten zur Decoration anzubringen liebt. Sie sind mit den Händen an hinter ihnen aufgerichtete Pfosten gebunden, tragen eine kurze, gegürtete, vorn durch einen Mittel-Streifen gezierte Tunica und Hosen. Beide richten den Kopf gegen die Mitte und gebrauchen das nach auſsen gestellte Bein als Stand-, das andere als Spielbein. Der Gefangene links ist stets unbärtig und jugendlich, der rechts alt und bärtig, ähnlich dem von der Treveris gebändigten Germanen. Auf ihren Köpfen lastet ein Architrav, der verschieden ornamentirt ist: mit dem umgelegten Kreisblatt, mit Ranken oder mit dem Mäander. — Auf diesem Unterbau, der die Bezeichnung des Planeten, sowie den Rahmen mit dem astrologischen Spruch einschlieſst, erheben sich nun beiderseits Pilaster, die denen der *Natales Caesarum* bis auf die Basis gleichen. Die Schäfte sind verschieden ornamentirt. Gleich auf dem ersten Blatte (X) begegnen wir

[36]) Vgl. Dobrnn *Ann. arch.* XVII p. 296 ff. Ich habe vergebens danach gesucht.

[37]) Crowe und Cavalcaselle D. A. II, 411.

[38]) Photogr. von Alinari in Florenz.

[39]) Abg. bei Pistolesi *Il Vaticano* III Taf. XI—XIV.

einer neuen Verzierung, in der sich je zwei sog. böotische Schilde gegenüber gestellt sind. Ähnlich finden wir sie in den Malereien der Katakomben, doch nie in dieser Gegenüberstellung. So zuerst als ∞-Ornament in der Krypta der Lucina (Garr. 2, 2), dann als böotischen Schild, abwechselnd mit einer Ellipse zuerst um die Mitte des 2. Jahrh. in der Katakombe des Praetextatus (Garr. 38, 1). Auf Taf. XIII haben wir das Flechtornament, auf Taf. XIV jene Aufeinanderfolge von Kreis, Rombus und Quadrat, wie wir sie in den *Natales Caesarum* sahen, auf Taf. XI endlich ein System übereinandergestellter Herzformen, für das ich keine ältere Analogie finde. — Zwischen diesen hohen Pilastern zieht sich zunächst in geringer Höhe ein Querbalken hin, der in der Mitte auf einer Lünette, an den Seiten auf den Spitzen zweier Dreiecke lastet. Man könnte dieses Zwischenstück, welches genau das Schema der Bekrönung der beiden Texttafeln des bürgerlichen Calenders (Taf. XXVIII u. XXIX) vorbildet, vielleicht als Fries fassen, aber auch dann ist es unschön und erzwungen. Der Querbalken ist mit den bekannten Ornamenten verziert; nur auf der ersten Tafel finden wir ein System von Vierecken, welche von oben und unten ineinandergreifen, eine Art alternirenden Zahnschnittes. Die Ornamentik der Lünette und der Dreiecke ist bei allen gleich, auf Taf. XI scheint sie der Copist nicht vollständig ausgeführt zu haben. Die Lunette füllt eine Muschel und zeigt einen Rand, verziert mit einer Art des sog. etruscischen Wellenornamentes, darüber Bogenstellungen, zwischen welchen öfters Spitzen aufragen: wie mich dünkt nichts anderes als die flüchtige Andeutung des Eierstabornamentes. In den Dreiecken folgt auf einen Streifen von geraden oder umgelegten Kreisblättern ein anderer mit dem Flechtornament und darüber Bogenstellungen wie bei der Lünette.

In der Mitte über diesem Zwischenstück steht nun stets die betreffende Gottheit unter einem Rundbogen, der sich auf zwei kurze Querbalken stützt, die ihrerseits von Pilastern getragen werden. Der innere dieser letzteren ist durchgängig mit dem Rankenornamente verziert. Auf dem kurzen Architrave liest man immer links NOCT, rechts DIVR und darunter in dem Felde zwischen den Pilastern die entsprechenden zwölf Stunden der Nacht und des Tages. Der abschließende große Rundbogen zeigt neben einem schmalen leeren Streifen zwei andere: den einen geschmückt mit dem Flechtornament und einen zweiten breiteren, enthaltend die Verbindung von böotischem Schild mit Doppelrombus oder den Wechsel von Kreis und Rombus oder das Flechtornament u. s. f.

Endlich wäre noch bei dieser Zusammenfassung zu erwähnen, daß neben dem abschließenden Rundbogen, da wo in den *Natales Caesarum* die Victorien standen, hier stets zwei Medaillons angebracht sind, welche die genaue Nachahmung der Büste des auf demselben Blatte abgebildeten Gottes in Pendantstellung enthalten. Ein Schmuck, organisch ohne Zusammenhang mit der übrigen Decoration, aber erklärbar durch die Doppelherrschaft des Planeten während der Tag- und Nachtstunden. — Im Ganzen betrachtet nehmen sich diese Blätter aus wie Triumphal-Bauten, getragen von gefangenen Barbaren und in der dominirenden Mittelnische geschmückt mit Götterstatuen, deren Typus in Medaillonform in den oberen Ecken wiederholt wird.

Saturn. Taf. X (Barb. fol. 8). Nach der Notiz des Peirese auf der Rückseite des Blattes der *Natales Caesarum* folgt von den mit *D* bezeichneten Planetenbildern zuerst Saturn *D. I.*. Dies bestätigt weiter die Notiz auf der Rückseite des Blattes: *Qui vanno le tavole de' Natali Caesarei segnate C.* Um beiden Vorschriften zu genügen, müssen wir daher beim Umschlagen des Blattes mit den *Natales Caesarum* links den Saturn haben. Zu dieser Tafel ist zu bemerken, daß der äußere Pilaster links wol durch die Nachlässigkeit des Copisten ohne Ornament geblieben ist.

Saturn, ein alter Mann mit rund geschnittenem Bart und ernstem Gesichtsausdruck. Er trägt einen Mantel, der schleierartig über den Kopf gezogen auf die linke Schulter und den Arm herabfällt, während das andere Ende um die Lenden gezogen den Leib verdeckt und von der linken Hand aufgerafft wird. Demnach ist die Gestalt nur halb verhüllt: Brust und Füße treten nackt hervor. Am linken Fuße ist eine Sandale angedeutet, am rechten fehlt sie. Die Gestalt wendet sich mit rechtem Stand- und linkem Spielbein nach links, als Attribut in der Rechten die Sichel erhebend, welche den Gott als Stifter und Vorsteher des italischen Ackerbaues charakterisirt. — Auch auf anderen Bildwerken tritt uns Saturn im gleichen Typus: als ein ältlicher Mann, mit ernstem Gesichtsausdruck entgegen. Dieser Kopf allein, ohne jedes Attribut, kennzeichnet ihn bisweilen (XI. XVI)*). Es scheint, daß auch die Drapirung, wie wir sie hier sehen, für ihn mit charakteristisch war, denn sie ist in noch zwei Fällen genau dieselbe (XII. XIV). Die Attribute wechseln, doch sind es gerade das schleierartig über den Kopf gezogene Gewand (I. II. VI. VII. XIV. XV. XVII. XIX) und die Sichel (I. II. VII. IX. X. XIII. XIV. XIX), welche ihn zumeist kennzeichnen. Das bestätigt Cyprianus *ad Demet.*: *falcem ferens senex pingitur*, noch deutlicher später Fulgentius (*Myth.* I. c. II): *senior, velato capite, falcem gerens*. Die gleiche Charakteristik geben darnach noch Albricus (*de deor. imag.* I) und die vaticanischen Mythographen z. B. Mythographus II (Mai p. 83): *senior velato capite, falcem ferens pingitur*. Sonst hält Saturn einmal in der Linken ein Bukranion (VII), dann einen Zweig mit Blumen (XII), ein Scepter (XIV), einmal trägt er auf dem Kopfe eine Mütze (X), ein andermal liegt auf dem Schleier noch ein Globus (XIX). Auch in unserem Bilde hat er über dem Schleier ein Gebilde, welches, in den Medaillons an den Seiten wiederholt, von Peirese »un serto fatto all' egiptio« genannt wird. Doch kann, wenn wir die Form mit der gleichen auf dem Bilde des Monates Februar (Taf. XVIII) vergleichen, bei dem die Deutung gesichert ist, kein Zweifel darüber sein, daß einfach der Mantel über dem Kopfe zusammengeknotet ist. Perugino und Pierino del Vaga bilden den Saturn wie Triptolemos auf einem Drachenwagen.

Am unteren Rande dieses Blattes notirte Peirese: *Mancano Giove et Venere, che sarebbono in ordine delli Pianeti II et III secondo la dispositione del* . . hier bricht die Schrift leider ab, und wir wissen nicht, welche Erwägungen Peirese oder seinen Gewährsmann bestimmt haben, dem verlorenen Blatt gerade diesen Platz

*) Die Nummern beziehen sich auf die [illegible], der [illegible] Monumente in dieser Weise geordnet hat.

anzuweisen. Ich selbst war anfangs geneigt das Zeugniß der Handschrift von St. Gallen für entscheidend zu halten, habe mich dann aber davon überzeugt, daß die Anordnung der Planeten wie sie Mommsen vor Jahren im Anschluß an die Brüsseler Handschrift gegeben hat (S. 567) doch wol die richtige sein dürfte. Die Planeten waren nach ihrer astrologischen Bedeutung geordnet, sodaß die *noxii* Saturn und Mars begannen, die *communes* folgten: Mercur, Luna, Sol; die *boni* den Beschluß machten, eine Anordnung die sich, wie Mommsen anführt, auch auf einer alexandrinischen Münze des Antoninus Pius findet[1].

Mars. Tafel XI (Barb. fol. 9). Da Peiresc auch den beiden fehlenden Planeten Nummern gegeben hat, so ist diese Tafel in seiner Reihe *D. II* gezeichnet. Der jugendliche Gott stürmt kriegerisch nach rechts. Er trägt den Helm mit Federbusch und flatternden Bändern geschmückt. Der nackt hervortretende Körper hebt sich schön aus der um ihn her flatternden Chlamys, welche nur die linke Schulter bedeckt und auf der rechten zusammengenestelt ist. Schnürstiefel umschließen die Füße. Die Linke trägt einen mächtigen Schild, die Rechte die Lanze.

Für Mars ist charakteristisch das behelmte jugendliche Haupt. Gewöhnlich ist er bartlos. In unserem Bilde und auf dem Armbande von Lyon (XVII) erscheint er nackt, sonst trägt er stets den Panzer. Von Waffen hat er meist Schild und Lanze. Einmal nur die Doppellanze (XVIII), ein andermal ein Schwert (V).

Auf der Rückseite des Blattes liest man: *Qui va Mercurio segnato D. I*.

Mercur. Tafel XII (Barb. fol. 10). Bezeichnet *D. I* und auf der Rückseite: *Qui va Marte segnato D. II*. Demnach müßten wir auch in dem Originale des Peiresc beim Umschlagen des Blattes mit Mars auf der linken Seite richtig Mercur haben. Im Briefe hat Peiresc diese Reihenfolge nicht eingehalten. Mercur, eine nackte Jünglingsgestalt, ist ausgestattet mit allen Abzeichen des ehemaligen griechischen Götterboten und späteren römischen Handelsgottes. Auf dem Haupte sitzt ihm der geflügelte Petasos, Flügel hat er auch an den Füßen. In der Linken, über welche von der Schulter herab die Chlamys fällt, trägt er den Caduceus, das Symbol des friedlichen Handelsverkehres, und in der ausgestreckten Rechten einen Beutel, die beiden ihm in Rom gewöhnlich beigegebenen Attribute.

So als nackten Jüngling, bisweilen mit der Chlamys, sehen wir Mercur auch in den anderen Denkmälern. In mehreren führt er alle drei genannten Attribute (VII. XII. XVII), in anderen bald Flügel oder den geflügelten Petasos (XI. XV. XVI), bald den Caduceus (I. IX. XIII. XIX), einmal auch den Beutel allein (V), dann Flügel und Caduceus (II. VIII) oder Petasos und Beutel (XIV). Auf der Silberschüssel in Basel steht neben ihm der Hahn, das Zeichen der steten Wachsamkeit. Die

1) Barthélemy, *Acad. des inscr. et b. l.* XLI p. 502 pl. I n. 11. Hirt Bilderbuch etc. Heft Taf. XVI 11. Eckhel *D. N.* IV p. 70. Mionnet tom. VI p. 277 No. 1603.

meisten dieser Attribute führt auch Fulgentius auf (*Myth.* XIX): *pennata talaria.* (*XX*) *virgam vero serpentibus nexam.* (*XXI*) *galero enim cooperto capite pingitur ... gallum quoque in eius ponunt tutelam.* Dagegen hat Mercur in einer Berliner Paste*) ein Gespann von Widdern, Mars dagegen die Hähne. Perugino und Pierino del Vaga zeigen ihn auf einem von Hähnen gezogenen Wagen dahineilend.

Sol. Tafel XIII. (Barb. fol. 11) Bezeichnet *D. VI.* Wie sich aus seiner Verbindung mit der folgenden Tafel ergibt, stand er im Originale des Peiresc jedenfalls Mercur gegenüber auf der rechten Blattseite an vierter Stelle. — Das jugendliche, von reichen Locken umwallte Haupt wird von der Strahlenkrone bedeckt. Eine lang herabhängende Tunica mit Ärmeln umschliefst den Körper. Das eigentümliche zinnenartige Stoffmuster werden wir später wiederholt antreffen. Um die Gestalt weht eine lange Chlamys, welche auf der rechten Schulter geknöpft ist. Seine Blicke nach rechts richtend tritt der Gott wie erschrocken zurück und erhebt die Rechte. In der Linken hält er einen Globus, das Zeichen der Sonne oder des Weltalls, und eine Peitsche, da er »als der göttliche und unermüdliche Wagenlenker am himmlischen Plane auch der vornehmste Schutzgott des Circus ist«.

Der lockige Jünglingskopf kehrt bei Sol immer wieder. *Iste pingebatur in specie impuberis juvenis, nunc facie puerili, nunc juvenili, semper imberbis* sagt Albricus (*de deor. im. IV*). Die Gewandung ist sehr verschieden: bald trägt er Tunica und Chlamys, bald eine von beiden; einmal ist er sogar nackt gebildet (V). Sein am häufigsten wiederkehrendes Attribut ist die Strahlenkrone, sie fehlt selten (I, XIV). Auf einem pompejanischen Wandgemälde (X) hat er aufserdem noch den Nimbus. Häufig führt er auch die Peitsche (VII. X. XII. XIV. XVII), wogegen man den Globus nur noch in denjenigen beiden Darstellungen (VII. XVII) findet, welche auch die anderen Attribute mit unserem Bilde gemein haben. Aufserdem führt Sol bisweilen ein Scepter (I. II) oder eine grofse Fackel (XIV). Auf einem Armbande in Lyon (XVII), der Paste in Berlin und in den Bildern der Renaissancezeit fährt er in einem mit Pferden bespannten Wagen.

Auf der Rückseite des Blattes steht: *Qui va la Luna segnata D. VII.*

Luna. Tafel XIV (Barb. fol. 12). Bezeichnet *D. VII* und auf der Rückseite: *Qui va il sole segnato D. VI.* Demnach müfste sie auch nach der Ordnung des Peiresc bei aufgeschlagenem Bande links und auf der Rückseite des Blattes stehen. Luna nun, eine hohe Gestalt mit jungem Gesicht, trägt das Haar über der Stirn in einen Knoten gebunden. Ein langer ärmelloser Chiton, verziert mit einem gemusterten Streifen, fällt bis auf die Füfse herab. Darüber ist ein Mantel geschlagen, der, vorn auf-

*) Toelken Erkl. Verz. der antiken vertieft geschnittenen Steine der Königl. preufs. Gemmensammlung No. 114

gerafft, über den linken Arm herabgleitet. Hinter ihren Schultern ragt der Mond auf, mit den Hörnern ihren Kopf umschliefsend. Der rechte, mit Spangen geschmückte Arm stützt sich auf eine lange, mehrfach zusammengeschnürte brennende Fackel, während die Linke ein mächtiges Füllhorn leer und mit der Öffnung nach unten trägt, beide Attribute als Hinweis auf die Lichtfülle, welche der Mond des Nachts über die Erde ausgiefst.

An Stelle des Haarknotens tritt in allen übrigen Darstellungen der Luna eine kleine Mondsichel, welche das jugendliche Köpfchen krönt. Öfter begegnen wir ihr im ärmellosen Chiton, nur zweimal sind auch die Arme züchtig verhüllt (VII. X). Die gleiche Drapirung wie in unserer Zeichnung zeigen dieselben beiden Monumente, welche wir in dieser Hinsicht auch schon beim Saturn zu erwähnen hatten: ein Jupiteraltar in Metz (VII) und eine von Martorelli[13] publicirte Bronzebüchse (XIV). Bisweilen wölbt sich das Obergewand, vom Winde aufgebauscht, bogenartig über ihrem Haupte (V. VI. XVII). Die Attribute der Luna sind aufser der kleinen Mondsichel, welche einmal doppelt ist (XVII) und zweimal durch den Nimbus ersetzt wird (X. XIII), die Fackel (XII. XIV. XVIII), ein Scepter (I. II. X. XIV) und nur in unserer Darstellung das Füllhorn. Auf dem Armbande zu Lyon (XVII) fährt sie in einem von zwei Kühen gezogenen Wagen. Eine eigenartige Auffassung finden wir bei Perugino, der Luna mit entblöfstem Oberkörper auf einem von Jungfrauen gezogenen Wagen darstellt. Letzteres Motiv kehrt bei Pierino del Vaga wieder.

Jupiter fehlt. (Tafel XV). Wie Saturn stets bärtig, aber sein Bart ist kürzer und kräftiger, wie überhaupt die ganze Gestalt jünger und männlicher erscheint. Er ist entweder nackt (XVII) oder, was häufiger vorkommt, durch eine Chlamys leicht auf der Schulter verhüllt, einmal wurde auch der Unterkörper in einen Mantel geschlagen (XII). Fast ohne Ausnahme (VI. XVI) ist das Scepter das Zeichen seiner Würde. Beinahe ebenso oft führt er den Blitz (fehlt I. IX. X. XIX). Bisweilen schlingt sich durch sein Haar ein Lorbeerkranz (XII. XIX). Zweimal (V. XII) sieht man neben ihm den Hahn, auf der Paste in Berlin fährt er in einer von Adlern gezogenen Biga. Ebenso stellt ihn Perugino und Pierino del Vaga dar; doch trägt er bei Perugino eine Krone und Ganymed reicht ihm den Nectar.

Venus fehlt. (Tafel XVI). Während Luna, wie wir sahen, jungfräulich verhüllt, wie schon in der griechischen Kunst, auftritt, zeigt Venus mehr oder weniger ihre Reize: bald ist sie ganz entblöfst (I. XVII)[14], bald leicht drapirt (II. VII. XIV etc.), einmal nur trägt sie einen ärmellosen Chiton und Mantel (XII). Ihre Attribute wechseln, doch hat sie am häufigsten einen Spiegel (I. II. VI. XIV), in den sie zuweilen blickt (II.

[13]) *de regia theca calamaria* I. 11 p. 1.

[14]) Vgl. auch Fulgentius, Albricus und die vaticanischen Mythographen.

VII) und ein Diadem im Haar (I. II. X. XVI). Der Schmuck ist für sie besonders charakteristisch auf dem sog. Planisphaerium des Bianchini [1]. Auf der eigenartigen Silberschüssel in Basel (XII) hält sie in der Linken den Apfel und lehnt sich an ein Postament, auf dem man die bekannte schöne Darstellung der aus einem Gefäße nippenden Tauben sieht. Auf dem pompejanischen Wandgemälde (X) trägt sie in Anlehnung an den Typus der *Venus Pompejana* (Bernoulli, Aphrodite S. 120f.) auf dem Kopfe anscheinend einen Modius und Amor blickt fragend über ihre rechte Schulter. Öfter zeigen sich Anklänge an bekannte Venusstatuen. Auf der Paste in Berlin steht sie in einem von Tauben gezogenen Wagen, wie später bei Perugino, Pierino del Vaga und der köstlichen Schöpfung Raphaels in der Farnesina.

So zeigt uns diese vergleichende Betrachtung, wie eng sich unsere Planetenbilder den für sie gebräuchlichen römischen Typen anschließen. Deshalb fühlen wir uns auch stets versucht, bei jedem einzelnen Bilde auf ganz bestimmte uns erhaltene statuarische Werke hinzuweisen.

DER BÜRGERLICHE CALENDER.

Nach all diesen einleitenden Blättern, welche dem Volke das Reich, seine Herrscher und althergebrachte prophetische Lebensregeln im Gedächtnisse frisch erhalten sollten, folgt nun der eigentliche, bürgerliche Calender: die Einteilung des Jahres nach Monaten, Wochen und Tagen, mit Angabe der Senatssitzungen, der Feste und Spiele, der Geburtstage der Kaiser, des Eintrittes der Sonne in die einzelnen Zeichen des Tierkreises u. s. w. Er bildet den Kernpunkt des ganzen Calenders und ist daher auch in jeder der in der Einleitung genannten Handschriften erhalten: vollständig allein in Wien. Die Berner Handschrift hat nur das Textblatt zum December aufbewahrt. Das Peiresc'sche Original war fragmentirt, daher sind es auch die Copien für Aleander und in Brüssel. Was die uns bisher leitende Copie für Aleander anbelangt, so finden wir sie in diesem Teile nicht mehr auf der Barberina allein. Gaetano Marini hat die Textblätter mit sich nach der Vaticana genommen, wo sie unter seine Papiere gebunden wurden. Die Bildseiten allein verblieben in der Barberina.

In der Peiresc vorliegenden Handschrift waren nur noch sieben Bilder und acht Textseiten erhalten. Die übrigen fehlten, so heißt es in der Nachschrift (15, 3), seit mehr als 30 Jahren. So sei zunächst verloren das Titelblatt dieses Teiles, welches sich gegenüber der Luna, resp. der Venus erwarten lasse, und auf der Rückseite desselben Blattes das Bild des Monates Januar. Die beiden folgenden Blätter mit dem Texte zum Januar und Februar und den Bildern des Februar und März auf der Rückseite seien erhalten. Dann aber folge die große Lücke von vier Blättern mit dem Texte zum März, April, Mai und Juni, sowie den Darstellungen der Monate April, Mai, Juni und Juli. Somit sollen nach dem Briefe des Peiresc von der ersten Hälfte des Jahres nur die Monate Januar und Februar im Texte, Februar und März im Bilde erhalten sein. Die barberinische Handschrift aber zeigt wider Erwarten

[1]) *Clarac Mus. de sculpt.* II, 248.

aufser diesen auch noch das Bild des Monates Januar. Von der zweiten Hälfte des Jahres waren nach dem Berichte des Peiresc alle Textseiten, dagegen nur fünf Bilder vorhanden. Genau so viel finden wir in der Barberina und im Vatican wieder: im Ganzen also aufser dem Januar sieben Monatsbilder und acht Textseiten. Erstere publicire ich natürlich alle (Tafel XIX. XX. XXVI. XXVII. XXVIII. XXX. XXXII), vom Texte jedoch nur zwei Blatt. Denn Peiresc bemerkt in der Nachschrift (14, 35 f.), es seien zwar alle Texte mit Pilastern und Frontons geschmückt und begleitet von den Zeichen des Zodiacus, doch habe er nur zwei Monate, October und November, vollständig copiren lassen, da die Ornamentation der übrigen diesen ähnlich sei und überdies Herr Memmino, der Courier, dränge. Tatsächlich sind auch von den in der Vaticana befindlichen Texten nur zwei mit der Umrahmung und dem Zeichen des Tierkreises versehen, eben die Monate October und November. Und nur diese beiden bilde ich ab (Tafel XXIX. XXXI) da die übrigen für unsere Betrachtung ohne Wert sind und der Text selbst bereits öfter gedruckt wurde (zusammengestellt bei Scharzfleisch *Annus Romanus Julianus*. Am besten neuerdings von Mommsen im *C. I. L.* I p. 332 ff.). Die Zeichen des Zodiacus, auf die es ankäme, sind getrennt copirt und auf einem Blatte vereinigt worden, das uns in der Barberinischen Handschrift (fol. 15) erhalten ist (Tafel XXXIII). Peiresc beschreibt sie zwar, erwähnt sie aber nicht unter den zu übersendenden Copien. Wie sie später dennoch an Aleander gelangten, zeigen uns die Briefe vom 10. März und 2. Juni 1621 (p. 16 f.). Dazu stimmt die Notiz von Peiresc's eigener Hand auf der Rückseite des barberinischen Blattes: »*Segni del Zodiaco inseriti nelli Mesi del Calendario manoscritto* CONSTANTINIANO *che si erano omessi per inavertenza quando si mandarono i disegni dell' altre figure di detto Calendario.*« Auf der Vorderseite finden wir diejenigen acht Zeichen vereinigt, welche die mit dem Text des October und November copirten zu den acht überhaupt erhaltenen ergänzen — mit einem Fehler. Das Zeichen des Monates October, der Skorpion, war mit der Textseite copirt und wurde es, aus Versehen jedenfalls, nochmals auf dem in Rede stehenden Blatte, wo dafür der Wassermann des Januar vergessen ist. Peiresc mufs diesen später nachgesandt haben, denn sein Bild findet sich in Kreisform ausgeschnitten aufgeklebt auf dem Textblatte des Januar im Vatican. Ich bilde es für sich auf Tafel XXXIII oben ab.

Unter den bisher beschriebenen 12 Bildern: Titel, Städtefiguren, Victoria, Natales Caesarum und Planeten hatten wir nur ein einziges, welches zugleich auch die Brüsseler Handschrift enthielt, den Titel. Das ändert sich den Monatsbildern gegenüber. In Brüssel sind die Copien genau derselben Monate erhalten, wie sie der Brief des Peiresc als in seinem Originale vorhanden aufführt. Da nun diese Copien ganz unabhängig von Peiresc entstanden sind, das Bild des Januar aber fehlt, so haben wir darin einen weiteren Beweis dafür, dafs der Januar in der Barberina im Originale nicht vorhanden war. Von den Brüsseler Blättern reproducire ich nur eines, das Bild des Monates März (Tafel XXI), um, indem ich es dem Bilde der Barberina gegenüberstelle, zu einem Urteile über den Grad der Verläfslichkeit beider in Stil und Detail zu gelangen; denn die Stiche des Bucherius sind unzuverlässig.

Abgesehen davon, dafs sie verkleinert sind, hat Bucherius in übertriebener Prüderie auch überall da geändert, wo es ihm galt die Blöfsen der Figuren zu bedecken. Daher dürfte wol auch manches auf seine Rechnung gehen, was in den Formen und Details exacter hervortritt, als in den Copien der Barberina. Mag nun aber das Original diese Fehler und Vorzüge der Stiche teilen oder nicht, immer kann uns die Brüsseler Handschrift nur in der Beurteilung des Figürlichen unterstützen: die den Eindruck und die Bedeutung des Ganzen in hohem Grade bestimmenden Umrahmungen fehlen.

Die Brüsseler Handschrift geht, wie wir fanden, auf dasselbe Manuscript des 9. Jahrh. zurück, welches auch Peiresc vorlag; die Wiener dagegen gehört einer zweiten, von dieser unabhängigen Handschriften-Classe an. In ihr haben wir ein schätzbares Mittel die Treue der Peirescischen Copien zu beurteilen und die Art ihrer Überlieferung nachzuprüfen. Doch auch für sich selbst beansprucht die Wiener Handschrift gröfsere Beachtung als die in Brüssel, weil in ihr alle zwölf Monatsbilder erhalten sind. Sie tritt deshalb ergänzend neben die Copie der Barberina. Ich würde ihr den Monatscalender vollständig entnommen haben, wenn die Peirescische Copie nicht in anderer Beziehung besser und vollständiger wäre; besser, weil die Copien entschieden [illegible] sind; vollständiger nicht nur weil der Wiener Handschrift alle Beischriften fehlen, sondern in erster Linie, weil sich in ihr keine Spur der den Eindruck des Ganzen so sehr bestimmenden Umrahmungen findet. Ich ziehe diese Handschrift daher nur so weit heran, als sie die Barberinische ergänzt, entnehme ihr also die Monatsbilder Januar, und April bis Juli (Tafel XVIII und XXII bis XXV). Die übrigen Bilder sind, wie gesagt, häufig publicirt, zuerst bei Lambecius und Kollarius [**].

Herr Dr. von Schneider hatte die Güte, mir seinerzeit über den Grad der Verläfslichkeit dieser Reproductionen folgendes mitzuteilen, dem ich nach Autopsie nur beistimmen kann: »Die Sadler'schen Kupferstiche bei Lambecius sind leidlich genau. Facsimiles erwartet hier ja Niemand; sachlich sind sie aber fast durchaus richtig und stilistisch stehen sie den Federzeichnungen des Codex nicht allzufern, trotzdem die unsicheren Conturen derselben corrigirt und die Formen hie und da schärfer gezeichnet worden sind. Ausbesserungen im Originale (im Wiesengrunde beim Mai, an den Würfeln beim December etc.) wurden in den Reproductionen unterdrückt. Die Kollar'schen Tafeln gehen in den »Correcturen« und »Verschönerungen« noch einen Schritt weiter und scheinen überhaupt nur eine Umarbeitung der Lambeck'schen zu sein. Die Zeichnungen sind im Originale nicht einmal wie in den Kupfern mit Linien eingefafst.« — Der vollständigen Reihe der Monate gegenüber könnte der Verdacht entstehen, dafs die in Peirescs Handschrift fehlenden vielleicht Erfindungen eines zweiten Joanne Sibylle, welcher auch jene ergänzte, seien. Die Betrachtung der einzelnen Blätter wird dies widerlegen. Denn fürs Erste stimmen sie mit den in unserer Handschriftenfamilie erhaltenen überein und es macht sich zwischen diesen Darstellungen: Februar, März, August, September u. s. f.

**) Siehe Einleitung S. 3 Anm. 3.

einerseits und den übrigen allein in Wien erhaltenen andererseits in Stil und Zeichnung kein Unterschied geltend. Dann aber wird uns die Übereinstimmung mit einer erst i. J. 1858/9 in Karthago aufgefundenen Reihe von Monatsbildern in Mosaik die Echtheit des Wiener Cyclus bestätigen. Bei den ersten Blättern ist stellenweise Farbe in Anwendung gekommen.

Über die Einrichtung des bürgerlichen Calenders schreibt Peiresc ausführlich, so daſs es nicht schwer wird ihn aus den vorhandenen Resten wiederherzustellen. Wenn man das Buch aufschlug, sagt er (10, 29 f.), so stellten die offenen Seiten der beiden Blätter einen Monat in zwei Tafeln dar. Beide Teile seien mit Pilastern und Frontons geschmückt. Auf der ersten (linken) Seite sehe man das Bild einer menschlichen Figur, welche den Monat darstelle, in einer Umgebung, die der Beschreibung gewisser Verse entspreche, welche bereits von Pithaus gedruckt wären. Die andere Tafel auf dem gegenüberliegenden Blatte zeige unter dem Giebel die Zahl der Tage des Monates. Da sehe man auch unter der Bezeichnung des Eintrittes der Sonne in jedes Zeichen des Zodiacus einen Kreis mit dem betreffenden Bilde. Darnach gehören also auch die Zeichen des Tierkreises zum bürgerlichen und nicht, wie Mommsen (S. 568) gemeint hat, zum astrologischen Calender, was durch die erhaltenen Copien bestätigt wird.

Über die Anordnung des bürgerlichen Calenders giebt aber nicht nur die eben citirte Stelle des Briefes Aufklärung, sondern, wie bisher, auch Vermerke von Peiresc's Hand auf den Rückseiten sowol der Bilder als der Textblätter. Die Planeten waren mit *D* und der fortlaufenden lateinischen Zahl signirt; die Monatsbilder dagegen haben stets auf der Rückseite in der äuſseren oberen oder unteren Ecke, oder in beiden zugleich die aufeinander folgenden Buchstaben des Alphabetes. Und da auf die *D. VII* bezeichnete Luna, welche in der Peirescischen Handschrift den Schluſs des astrologischen Calenders bildete, unter E sofort das Bild des Monats Februar folgt, so haben wir darin einen neuen Beweis dafür, daſs das in der Barberina befindliche Bild des Monats Januar nicht mit den übrigen von Peiresc aufgeführten Zeichnungen übersandt worden sein kann, was übrigens Peiresc in dem Briefe vom 10. März 1621, durch ein Miſsverständniſs veranlaſst, nochmals ausdrücklich hervorhebt.

Bei Betrachtung der Planetenbilder zogen wir andere derartige Cyclen zum Vergleiche heran und fanden, daſs sich der Illustrator des Calenders eng an die in Rom gebräuchlichen Typen angeschlossen habe. Auch den Monatsbildern will ich andere solche Reihen gegenüberstellen. Leider fehlt bisher eine zusammenfassende Betrachtung derselben, wie sie De Witte für die Wochentage geliefert hat, vollständig. Was ich seiner Zeit in Rom zusammenstellen konnte, ist nicht viel, doch wird es genügen zu zeigen, daſs unsere Monatsbilder, ebenso wie die Darstellungen der Planeten, den für sie in Rom allgemein gültigen Typen entsprechen, mehr noch, daſs unser Calender den einzigen vollständigen bildlichen Cyclus und zugleich auch die wahrscheinlich auf das Archetypon dieses ganzen Kreises zurückgehenden Monatsverse enthält. Die Zusammenstellung mit späteren derartigen Monatsbildern wird weiter das Fortbestehen einzelner von unseren Typen in den mittelalterlichen

Kunstdarstellungen des Orients sicherstellen. Dann aber wird sich herausstellen, daß der Gebrauch die Monate bildlich darzustellen sich zeitlich nicht in gleicher Weise geltend macht, wie der die Planeten zu bilden. Wenn wir nämlich für die Vergleichung dieser letzteren eine größere Reihe antik-römischer Monumente anführen und dagegen constatiren konnten, daß die christliche Kunst dieselben nur selten dargestellt habe, so ist gerade das Gegenteil den Monaten gegenüber der Fall. Ich habe nur wenige römische Monatsbilder aufgefunden, die älter wären als die unseres Calenders oder gleichzeitig mit ihnen. Dagegen steigert sich ihr Vorkommen in der christlichen Zeit immer mehr und wird im 12. und 13. Jahrh. in occidentalen wie orientalen Gegenden einer der beliebtesten Gegenstände der bildenden Kunst.

Es sind uns Monatscyclen der ägyptischen und griechischen Kunst erhalten. Die ersteren finden sich in den Gemäldecyclen des Ramesseum's in Theben aus der Zeit Ramses II. (Anfang des 13. Jahrhunderts)[13], unter den astronomischen Darstellungen des Tempels zu Edfu aus der Ptolemäerzeit[14] und den anderen in Dendarah. In allen diesen sieht man stets den betreffenden Monat anbetend vor demjenigen Gotte stehen, dem er geweiht ist. Irgend ein Bezug auf religiöse Festlichkeiten oder ländliche Beschäftigungen, soweit er nicht etwa durch die Gottheit selbst gegeben ist, liegt nicht vor.

Anders in Griechenland. An der Kirche der *Panagia Gorgopiko* zu Athen ist ein Reliefftries mit der Darstellung eines Monatscyclus eingemauert[15]. Boetticher hat ihn eingehend besprochen[16]. Man sieht dort neun, an den beigegebenen Zeichen des Zodiacus sicher erkennbare Monate in der Art nebeneinander gereiht, daß jeder einzelne dargestellt wird durch Gestalten, die für ein in seinem Verlaufe stattfindendes Fest charakteristisch sind. Ausgewählt sind nur Feste demotischer und ganz öffentlicher Natur. Ich stelle diesen Cyclus hier übersichtlich zusammen, weil sich später Anknüpfungspunkte ergeben werden.

December-Januar	Poseideon.	Hahnenkampf im Theater des Dionysos.
Februar-März	Anthesterion.	Blumenmonat: eine bekränzt einherwandelnde Gestalt.
März-April	Elaphebolion.	1. Die großen Dionysien: eine Frau mit Epheukranz, voraus zwei Gestalten mit Opfertieren: Silen mit Böcklein und Mann mit Widder.
		2. Elaphebolia: Artemis mit Hirsch.
Mai-Juni	Thargelion.	Anakeia: palästrische Spiele, Fackellauf.

[13]) Lepsius Wandgemälde 34.

[14]) L. c. 37. Gehandelt hat über diese Monatsdarstellungen zuletzt Brugsch Kalendarische Inschriften altägyptischer Denkmäler S. 471 ff.

[15]) Abg. bei Le Bas *Voyage arch. en Grèce et en Asie Mineure. Mon. d'ant. fig.* pl. 21, 22, im Philologus l. c. und bei Saglio im *Dict. des ant.* Friederichs-Wolters 1909. 1910.

[16]) Philologus 1865 (Bd XXII) S. 385 ff.

Juni-Juli	Skirophorion.	Dipolia: Stieropfer (der Opfertisch des Zeus Polieus mit der Kornfrucht ist weggelassen).
Juli-August	Hekatombaion.	Grofse Panathenäen.
September-October	Boedromion.	Die Hore, welche eine Schüssel voller Früchte, den Baumsegen, trägt. Herakleia im Kynosarges.
October-November	Pyanepsion.	1. Pyanepsia: Herumtragen der Eiresione, des Ernteszweiges der Herbstfrüchte. 2. Lenaia: ein Winzer weintretend in der Kelter.
November-December	Maimakterion.	Windmonat. Fest des Zeus Georgos: der Buzyges mit Geifsel am mit zwei Ochsen bespannten Pfluge. Daneben der Säemann.

Die mir bekannten römischen sei es heidnischen oder christlichen Cyclen stehen immer in Beziehung zu Monatsversen, die öfter unter dem Titel *Tetrastichon authenticum de singulis mensibus* vorkommen. Die gegenseitigen Beziehungen zwischen Bild und Vers sind in unserem Kalender z. B. so lebhaft, dafs Peiresc behauptet (10, 33f.), man könne die Verse nicht verstehen, ohne die nebenstehende Figur, ebenso wie man das Bild nicht leicht zu deuten wüfste, ohne die zugehörigen Verse. Man hat diese Tetrastichen meist dem Ausonius zugeschrieben [illegible], was chronologisch vortrefflich zu ihrem Vorkommen im Calender zum Jahre 354 stimmen würde. Neuerdings hat Bährens (*PLM* I p. 204) gegen diese Ansicht Einsprache erhoben. Sein Urteil ist als ein vom Bildercyclus unabhängiges so gewichtig und hat besonders auf mich in meiner Stellungnahme den Monatsbildern gegenüber derart bestimmend gewirkt, dafs ich am besten den ganzen betreffenden Abschnitt citire:

»Tetrastichorum auctorem esse Ausonium, Burmannus aliique sibi persuaserunt probabilitate nulla. nam neque in codicibus poetae Burdigalensis opera exhibentibus ullum eorum vestigium deprehenditur neque admittit eclogarii Ausoniani ratio. immo ipso Filocali opusculo ut suum conderet eclogarium permotum esse Ausonium suspicor. maxime vero opinionem illam infirmat ipsum carmen XII. (das *Tetrastichon authenticum*). nam et in hoc et in carmine XIII (unten noch zu besprechenden Distichen, die ebenfalls unserem Calender beigegeben sind) licet corruptissimo tanta versuum elegantia tantusque dictionis nitor decorque eminet, ut utrumque tam alienum esse ab aevo Filocaleo quam prope accedere ad tempus Augusteum facile tibi persuadeas. ex collectione itaque antiquiore poemata illa in suam traduxisse Filocalum statuo.«

In unserem Calender stehen diese Tetrastichen neben den Monatsbildern,

[illegible]) Vgl. Teuffel Gesch. d. röm. Lit. S. 989 unter 9. Abgedruckt bei Riese *Anth. lat.* 395 (p. 250). Meyer *Anth.* 1038—1049. Burmann *Anth. lat.* V 71—83. Bährens *PLM* I p. 206 sq.

wie Peiresc ausdrücklich sagt (10, 36), am innern Rande nahe der Naht des Bandes. Wieder ist es der Monat Januar allein, dem sie fehlen.

Dem römischen Kunstkreise gehört noch eine zweite Kunstschöpfung jener Zeit an. Der Engländer Davis fand nahe bei Karthago, wie schon oben kurz erwähnt, ein Fußboden-Mosaik, in dem, wie er meinte, tanzende Priesterinnen dargestellt sein sollen. Dasselbe wurde in das britische Museum gebracht und von Franks veröffentlicht[17]. Er zuerst erkannte die richtige Bedeutung der einzelnen Bilder. Es gelang ihm eine passende Reconstruction des Ganzen zu finden und zu beweisen, daß diese Mosaikfragmente in auffallender Weise mit dem *Tetrastichon authenticum* des Ausonius und den Wiener Monatsbildern übereinstimmten und daß auch sie nichts anderes als die Jahreszeiten und 12 Monate enthalten könnten. Seinen überzeugenden Argumenten gegenüber ist es unbegreiflich, wie Davis[18] in einer ziemlich häßlichen Kritik dieser Aufstellungen die Deutung auf tanzende Priesterinnen und statt der Jahreszeiten auf Ceres, Proserpina, Dido und Anna aufrecht erhalten kann. Wir werden Gelegenheit nehmen Franks' Behauptungen nachzuprüfen und in ihrer Bestätigung zugleich die beste Gewähr für das Alter und die unbedingte Echtheit unserer Zeichnungen haben. Über die Datirung kann kein Zweifel sein: die Mosaiken sind römischen Ursprungs, wie Franks und Gregory (*Egypt and Tunis* II p. 161) annehmen. Beulé (im *Moniteur* vom 14. Mai 1879) präcisirt das Datum noch näher, indem er sie für römisch-byzantinischen Ursprunges hält, was durchaus meiner Meinung, sie mit dem Calender ungefähr gleichzeitig anzusetzen, entsprechen würde. Nur Davis (p. 195) hält mit Hartnäckigkeit daran fest, sie für punische Schöpfungen zu erklären, was ihm wol Niemand zugestehen wird. Bestimmte Grenzen sind gegeben durch die Neugründung Karthago's 19 v. C. durch Augustus und die Einnahme durch die Vandalen im Jahre 439. Im vierten Jahrhunderte gelangte Karthago als christliche Stadt zur höchsten Blüte.

Aus Davis (p. 201) erfahren wir Näheres über ein anderes bei Karthago gefundenes Mosaik, von dem Beulé[19] berichtet hatte, daß es die zwölf Monate in Figuren von etwas weniger als Lebensgröße, in byzantinischen Costümen, mit den lateinisch beigesetzten Namen enthalte. Leider soll von diesem Mosaik nach Davis' Angabe nur der Monat Mai übrig geblieben sein, während die anderen Monate beim Ausgraben zerfielen. — Reste eines dritten Mosaiks dieser Art kamen in Rom bei Gelegenheit der Ausgrabungen zu Tage, welche der Aufdeckung des sog. Auditoriums des Maecenas am Esquilin folgten[20]. Erhalten ist allein der Monat Mai, doch auch dieser nur mühsam zusammengeflickt. Das Mosaik ist heute im capitolinischen Museum unter No. 27 ausgestellt. Ich bilde es unten im Texte ab[21].

---

17) *On recent excavations at Carthage, and the antiquities discovered by the Rev. Nathan Davis* in der *Archaeologia* Bd. XXXVIII (1860) p. 202 ff. und Tafel IX—XII. cf. *C. I. L.* VIII 1072 et add. p. 929.

18) *Carthage and her remains* Lond. 1861 p. 200 ff. und Tafel zu p. 183 und 203.

19) *Fouilles à Carthage* Paris 1861 p. 37.

20) Vgl. *Bull. della comm. arch. comun.* 1876 p. 212. *Notizie degli scavi* 1876 p. 186.

21) Daß der Monatscyclus von den Römern auch statuarisch gebildet wurde, dafür scheint mir

Während diese Reste dreier Mosaikencyclen unseren Zeichnungen gegenüber interessante Vergleichspunkte darbieten, steht ihnen ein 1861 von Renan in Sur (Tyrus) gefundenes Paviment, das nach Paris gebracht wurde, ohne irgend welche Beziehung gegenüber. Diese Mosaiken gehörten einer christlichen Kirche an, die nach einer glücklich erhaltenen, musivischen Inschrift 557 oder 652[39] geweiht wurde. Die Mosaiken sind daher vor dieser Zeit entstanden. Und zwar legt es eine Verschiedenheit in Stil und Ausführung nahe anzunehmen, daß die uns interessirenden Teile aus dem vierten Jahrhunderte stammen, wie schon de Rossi[40] erkannt hat. Erklärlich ist dies, wenn man annimmt, daß dieser ursprünglich heidnische Bau, später in eine christliche Kirche umgewandelt wurde, bei deren Einweihung die citirte Inschrift in das alte Mosaik eingefügt wurde. — Neben einem Rankenornament, welches durch figürliche Darstellungen, wie in S. Costanza und auf späteren Sarkophagen, belebt wird, neben den Darstellungen ferner der Jahreszeiten und der vier Winde, sind auch zwölf Monatsbilder erhalten, alle bezeichnet mit den macedonischen Namen. In den Publikationen[41] dieser Mosaiken wurde der Versuch, sie mit unseren, den lateinischen Monatsnamen zu identificiren, unterlassen. Nun können hier nur die wirklich in Tyrus gebräuchlichen oder die syromacedonischen Monate gemeint sein. Die tyrische Jahreseinteilung, welche mit dem 19. October und dem Monate Hyperberetäus beginnt, ist uns nur im florentiner Hemerologium erhalten, Beispiele ihrer practischen Anwendung sind höchst selten. Dagegen war die syromacedonische Monatseinteilung nach Ideler[42] seit den ersten Jahrhunderten unserer Zeitrechnung in Syrien gebräuchlich und ist dort bis zur Stunde bei den Christen in Übung. Die Monate laufen dabei mit den römischen parallel und zwar in der Art, daß der erste Monat auf den October, der zweite Dius auf den November fällt. Da in der Inschrift ebenfalls nicht nach tyrischer Ära gerechnet ist und die Einteilung nach dem syromacedonischen Princip besser mit den je drei Monaten gegenüber gestellten Jahreszeiten stimmt, so bestimme ich die einzelnen Monate nach letzteren. Sie sind nicht wie die bisher aufgeführten

ein Beweis die Nachricht des Anonymus des Banduri p. 3, welcher die Bäder Constantin's in seiner νέα Ῥώμη aufführend, ein *balneum magnum Oecumenii, proximum Tyrannidis* citirt, *quod septem receptacula habebat et duodecim porticus et amplissimum picturis figuris variatum. Et septem quidem receptacula in memoriam septem Planetarum, duodecim vero porticus, duodecim mensium temperamenta exprimebant.* Es ist wahrscheinlich, daß diese 7 Räume und 12 Portiken mit den entsprechenden Statuen nach denen sie den Namen führten ausgestattet waren. Die Sitte Bäder nach berühmten Statuen zu benennen bestätigt dass so hieß ein Bad am Hippodrom Zeuxippos wegen der Statue eines [illegible] Helden, ein Bad am Milium Achilleus, ein Bad bei Tripolis Leon, beide nach den gleichnamigen in ihnen aufgestellten Statuen. Die Planeten und Monate werden, von Constantin aufgerichtet, antiken Ursprunges gewesen sein. Sie standen wahrscheinlich bis zur Zerstörung des Gebäudes unter Johannes Zimisces (970—976). Banduri *Imp. orient.* l. c. p. 4.

39) *Ἐν χρόνοις τοῦ [illegible] Ζαχαρίου [illegible]* [illegible] ἐν μηνὶ [illegible] τοῦ [illegible] ἔτους [illegible], vgl. aber die Zeitfrage E. Renan *Mission de Phénicie* Paris 1864 p. 612 ff.

40) *Compte-rendu de l'académie des inscriptions et belles lettres* 1862 p. 161 ff.

41) *Ann. arch.* Bd. XXIII zu p. 392 und XXIV zu p. 203 und 209. Renan l. c. Album pl. XLIX. Vgl. Bayet *l'art byz.* p. 33.

42) Handbuch der math. und techn. Chronologie I S. 429.

in ganzer Gestalt gebildet, sondern erscheinen als Brustbilder in Medaillons und sind fast nur durch die beigeschriebenen Inschriften charakterisirt[64].

Über die Darstellung der Monate in der byzantinischen Kunst habe ich bereits ausführlich in einem besonderen Aufsatze gehandelt[65]. Ausgehend von drei Miniaturencyclen, dem einen im Marcianus No. 540 aus dem 11. Jahrh. und den beiden andern in den Octateuch-Handschriften No. 746 und 747 der vaticanischen Bibliothek aus dem 12. und 11. Jahrh., kam ich beim Vergleiche mit den poetischen Bildern des Erotikers Eustathius (Hercher *Erotici script. gr.* II p. 161 ff.) zunächst zu dem Schlusse, daſs in der byzantinischen Kunst den Schlagworten nach zwei Cyclen existirt hätten, welche, in den Vorstellungen der Monate November und Januar wesentlich verschieden, zusammen dreizehn Schlagworte ergeben, denen sie folgen und von denen neun feststehen, während in den übrigen dreien Variationen eintreten, die sich jedoch innerhalb von vier Schlagworten bewegen. Ein Blick auf die reiche Literatur der Monatsverse bestätigte diesen Satz: Theodoros Prodromos und Manuel Philes, der eine dem 12., der andere dem 14. Jahrh. angehörig, schlieſsen sich der Octateuchgruppe an, für die das Schlagwort »Schweineschlachten« im Januar charakteristisch ist, während dasselbe dem Eustathius fehlt, der dafür das Pflügen im November setzt. Der Marcianus nimmt zwischen beiden Gruppen eine vermittelnde Stelle ein. Ich vermutete in dem Eintritt des Schlagwortes »Schweineschlachten« occidentalen Einfluſs. Wir werden dies jetzt zu prüfen haben.

Zweitens aber kam ich zu dem Resultate, daſs in der Zeit, aus der uns Monatsbilder und Reime erhalten sind, in Byzanz bereits feste Typen für die bildliche Wiedergabe der Schlagworte bestanden und daſs allen auf uns gekommenen Cyclen nur ein Typus zu Grunde liege. Ich werde diesen Typus im Nachfolgenden stets vergleichen mit dem der römisch-altchristlichen Kunst einerseits und dem der italischen andererseits, um zu einem Urteile darüber zu gelangen, ob zwischen diesen Kunstkreisen im gegebenen Falle irgend welche Beziehungen obwalten. Eine Ausnahme machte ich nur mit den Sculpturen am Haupt-Portale von S. Marco in Venedig, die ich, einzig von denen auf italienischem Boden, bereits in jenem Aufsatze besprach, weil sie sich durchaus dem byzantinischen Cyclus anschlieſsen.

Im Übrigen werden in Italien, welches allein ich vom Occident mit in die Betrachtung mittelalterlicher Darstellungen hereinziehe, derartige Monatscyclen seit dem 11. Jahrh. häufig gebildet. So zuerst in den Mosaikböden der Kirchen Oberitaliens. Reste eines Pavimentes des 11. Jahrh., die Darstellungen des Jahres und der Monate März, April und Mai, sind in S. Michele zu Pavia erhalten[66]. Ein vollständiger Cyclus im Kreise gruppirt um die Gestalt des Annus findet sich im Dome zu Aosta, wahrscheinlich aus der ersten Hälfte des 12. Jahrh.[67]. Ein dritter Cyclus, von dem

[64]) Ähnliche Monatsdarstellungen in Catania *C. I. L.* X, 7036: *sub capitibus coronatis floribus, Januarius, Martius, Maius und Julius*, mir nicht zugänglich.

[65]) Im Repertorium für Kunstwissenschaft von 1888 S. 23 ff.

[66]) Abg. bei Aus'm Weerth Der Mosaikboden in S. Gereon zu Köln. Bonn 1873. Taf. IV.

[67]) Ebenda Taf. IX und *Ann. arch.* XVIII zu p. 267.

leider die Monate Januar und November verloren gegangen sind, ist in der Krypta von S. Savino zu Piacenza ebenfalls aus dem 12. Jahrh. erhalten. Fast zu gleicher Zeit bemächtigt sich auch die Sculptur, besonders diejenige Mittelitaliens, des Gegenstandes, indem es beliebt wird die Façaden der Kirchen mit Monatsbildern auszustatten. So sind uns vollständige Folgen erhalten am Portal von S. Zeno in Verona aus dem 12. Jahrh., an der 8. Säule des Dogenpalastes in Venedig gegen die Piazetta zu, am Ostportal des Baptisteriums in Pisa aus dem Beginn des 13. Jahrh., in der Vorhalle des Domes zu Lucca von der Hand des Guidotti i. J. 1204, von der des Marchione i. J. 1216 am Bogen des Hauptportals der Pieve zu Arezzo und um die Mitte des 13. Jahrh. von Schülern des Antelami gearbeitet am Baptisterium zu Parma. Am bekanntesten aber ist wol der Cyclus an der *fonte maggiore* zu Perugia von Nicola und Giovanni Pisano (ca. 1277—80). Wie an diesem Brunnen der Personifikation des Monats stets ein Genosse beigesellt ist, so finden wir ihn auch in einem Calendarium v. J. 1293 in einer Handschrift der Laurentiana (Plut. XXV. Cod. III).

Auch in Unteritalien sind uns Monatscyclen erhalten. So in einem Paviment von S. Prospero Maggiore in Reggio aus dem 12. Jahrh., an den Capitellkämpfern des Kreuzganges der Cathedrale von Benevent und in den Mosaikverzierungen des Fußbodens der Cathedrale von Otranto. — Diese zahlreichen Monumente sind mir nicht alle durchaus bekannt geworden. Den interessanten Cyclus am Baptisterium in Pisa kenne ich nur soweit die Photographie reicht, die unteritalischen Monumente lediglich aus den citirten Quellen. Die stattliche Zahl aber der mir vollständig zugänglich gewesenen Bildwerke zeigt die einzelnen Monate in ganzer Gestalt, männlich, gekleidet in das Costüm ihrer Zeit, meist in derjenigen ländlichen Beschäftigung, welche der Monat mit sich bringt.

Bevor ich mich nun der Beschreibung der einzelnen Tafeln unseres Calendariums zuwende, wäre noch im Allgemeinen Einiges über ihre Ausführung und wie bei den Planeten zusammenfassend über die Art der Umrahmung zu sprechen. Die Monatsbilder unterscheiden sich gleich dadurch vortheilhaft von den bisher betrachteten Tafeln, daß sie sorgfältiger und, so scheint es, dem Originale entsprechender ausgeführt sind. Während nämlich die Städte- und Planetenbilder gegen die aus-

[illegible]) Ebenda Taf. VIII.

[illegible]) Am Verbau. Vgl. die Photogr. von Naya in Venedig No. 645.

[illegible]) An den Seitenpfosten. Ein Detail mit 3 Monatsdarstellungen von Van Lint in Pisa photographirt.

[illegible]) Alinari No. 6303, 6304.

[illegible]) Alinari No. 9431, 2.

[illegible]) Lopez *Il battistero di Parma* Tav. XIV, Text p. 192 ff.

[illegible]) Mariotti-Vermiglioli *Le sculture . . . che ornano la fonte maggiore di Perugia* 1834.

[illegible]) Vgl. Bandini I p. 709. Die von Rumohr Ital. Forsch. I S. 351 genannte Handschrift konnte ich nicht einsehen.

[illegible]) *Bull. dell' Inst.* 1844 p. 180.

[illegible]) Abgebildet bei Schulz Denkmäler der Kunst d. M.-A. in Unteritalien Taf. LXXIX fig. II.

[illegible]) Beschrieben von Schulz l. c. Text I S. 261 ff.

[illegible]) Über zerstörte Malereien in S. Maria Aventina zu Rom vgl. E. Müntz *Ricerche intorno ai lavori arch. di G. Grimaldi* p. 41—42. Der Cyclus an der Loggia des Domes zu Cremona (Eitelberger Mittelalterl. Kunstdenkmale des österr. Kaiserstaates II S. 102) schliesst sich den übrigen lombardischen Cyclen an. Anders die erhaltenen Reliefs am Portale des Domes zu Trau in Dalmatien (Eitelberger Die mittelalterl. Kunstdenkmale Dalmatiens S. 206), wo byzantinischer Einfluss unläugbar ist. Vgl. auch Allegranza *Opusc. erud. tab. III.*

drückliche Bemerkung des Peiresc, sie seien nur mit der Feder allein ausgeführt, in den Copien mit getuschten Schatten vorliegen, ist die Beleuchtung hier wirklich nur mit der Feder schraffirt angedeutet. Der Monat Januar allein (vgl. S. 56) ist es wieder, der auch darin nichts mit den übrigen Blättern gemein hat, indem er in rohester Weise mit ein paar breiten Pinselstrichen überschmiert ist und dadurch in der auffälligsten Weise von den folgenden Zeichnungen absticht.

Die Decoration der Bildseiten sowol wie der beiden Textblätter schliefst sich durchaus der Manier an, welche wir bereits in den *Natales Caesarum* und den Planeten beobachtet haben. Die Bilder werden stets durch zwei Pilaster mit geradem Architrav und einem Giebel darüber eingeschlossen. Damit ist jedoch das architektonische Schema nach obenhin nicht vollendet, indem über den Seiten des Giebels noch Lünetten aufsteigen, ein Motiv, welches uns auch in diesem, den früheren Blättern gegenüber einfacheren und geschmackvolleren Aufbau stets die spielende Manier des Künstlers vor Augen rückt. Das Ornamentationsprincip ist dasselbe, wie vorher, nur macht sich ein mehr einheitliches Vorgehen geltend, indem die gleichen Teile, mit Ausnahme der Pilaster stets mit demselben Ornament bedeckt sind. So zeigt der Suggestus immer eine Art des sog. etruskischen Wellenornamentes, für die charakteristisch ist, dafs sich die Schlingen nach oben öffnen; beim Januar allein öffnen sie sich in bezeichnender Weise nach unten. Die Pilaster zeigen dieselbe Basis und das gleiche Capitell, wie bisher. Das Capitell des Januar ist wieder ganz ohne Verständnis ausgeführt. — Die Ornamentik des Schaftes variirt: bald haben wir bekannte Formen, wie den Wechsel zwischen Ellipse und Rombus, die streifenförmig übereinander gestellten Herzformen, das Flechtornament, den Wechsel von doppelten Kreisen, Romben und Quadraten, bald auch, wie auf der Tafel des November, ein neues System: je drei spitze Blätter übereinandergeordnet, ein Schmuck, dem wir schon im dritten Jahrh. in den Malereien der Katakomben und später zuweilen auf christlichen Sarkophagen begegnen[79]. Auf dem Architrave liest man übereinstimmend mit der Angabe des Peiresc stets die Bezeichnung des Monates in Majuskelschrift. Der Giebel, dessen inneres Feld durch eine in einem System von Halbkreisen angebrachte Muschel ausgefüllt wird, besteht aus zwei Streifen übereinander. Der untere zeigt das nach oben hin umgelegte Kreisblatt, der obere das Flechtornament. Die krönenden Lünetten enthalten ebenfalls eine Muschel und sind umzogen von einem Streifen von nach unten hin umgelegten Kreisblättern und dem flüchtig angedeuteten Eierstabornamente. Nur beim Monate Januar sind die Kreisblätter mifsverstanden, indem der sonst am Giebel von oben, an der Lünette von unten her einschneidende Halbkreis einfach durch einen Haken in der Mitte des Kreises ersetzt wird. Dies die Bildseiten. Die Wiener und Brüsseler Handschrift zeigen von dieser Umrahmung keine Spur.

Eigenartiger ist das Schema des Gerüstes der beiden Textseiten zum October und November in der Vaticana (Taf. XXIX, XXXI). Über dem Architrave steigen hier eine mächtige Lünette und zwei mit den Katheten nach außen gerichtete recht-

[79]) Vgl. Garrucci Tav. 12, 13, 69 und 323, 4–6.

winklige Dreiecke auf, in ähnlicher Weise, wie wir sie in dem ganz unorganisch eingeschobenen Mittelstreifen im Aufbau der Planetendecoration gesehen haben. Ein neues Ornament zeigt der suggestus: eine Reihe von überhöhten Halbkreisen mit einem Punkt in der Mitte. Die Pilaster bieten nichts Neues. In der Lünette wächst, wie in den *Natales Caesarum*, aus einem mittleren Blatte ein einfaches Rankenornament hervor, das sich ohne besondere Rücksicht auf Symmetrie bis an den Rand hin fortsetzt. Darauf oben und unten ein Streifen von Halbkreisen und zwischen beiden ein breiter gedrehter Wulst. Die Mitte der Dreiecke ziert eine halbe Palmette, darüber in Streifen das Rankenornament, der gedrehte Wulst und die Halbkreise. Zwischen Lünette und Dreieck schwebt auf jeder Seite ein Kreis mit einem Achtblatte. — Diesem ganzen Decorationsschema der beiden Textblätter gegenüber kann kein Zweifel sein, daſs dasselbe von derselben Hand herrührt, welche die Bildseiten schmückte. Der Copist hat auch sie nur flüchtig skizzirt.

Bild- und Textseite werden durch Inschriften eng verbunden. Zunächst liest man auf dem Architrave links stets die Monatsbezeichnung, z. B. MENSIS NOVEMBER, auf demjenigen rechts die Anzahl der Tage DIES XXX. Auſserdem aber sind auf diese beiden gegenüberstehenden Seiten noch die bereits oben erwähnten Distichen verteilt. Auch sie blieben uns unter den drei Bilderhandschriften nur in der Copie des Peiresc erhalten, aber natürlich unvollständig: sieben Hexameter mit den Bildern, acht Pentameter mit dem Texte. Hier zum zweiten Male springt die Handschrift von S. Gallen No. 878 ergänzend ein. K. Schenkl hat zuerst**) die auf p. 302 vollständig erhaltene Reihe unserer Distichen publicirt und setzt diese Abschrift ins 9. Jahrh. Der Inhalt sei in der Art des Eclogarium des Ausonius, leider aber in so kläglicher Verderbnis überliefert, daſs neben mehreren nicht üblen Stellen einzelne Zeilen ganz sinnlos seien und alles Rythmus entbehrten. Bährens hält auch sie, wie wir oben hörten, für Schöpfungen, die nahe ans Augusteische Zeitalter hinaufreichen. Ich gebe sowol das Tetrastichon, wie die Distichen stets in der Recension, die sich am besten mit der bildlichen Überlieferung vereinigen läſst. Dem Philologen werden die photographischen Reproductionen alles Nötige bieten. — Was uns zunächst in's Auge fallen wird, ist, daſs der Text des Januarbildes in der Barberina durchaus von dem Sangallener Texte abweicht. Dies ist um so auffälliger, als alle übrigen Verse fast wörtlich übereinstimmen.

Indem ich nun zu der Beschreibung und Besprechung der Monatsbilder übergehe, empfinde ich mehr als sonst, wie unzureichend meine Vorstudien für diese Arbeit sind. Die Erklärung einzelner Monatsbilder wird wol auch dem gewiegtesten Kenner römischer Sacral- und Staatsaltertümer Schwierigkeiten machen, um so mehr mir. Wenn ich dennoch wage Deutungen vorzubringen, so geschieht es nur so weit, als sie die Tetrastichen einerseits andeuten und mein Verständniſs andererseits reicht und ich auf der richtigen Fährte zu sein glaube. Der Kunsthistoriker wird dadurch nicht irregeleitet werden, der Historiker vom Fach aber hoffentlich den guten Willen nicht verkennen.

**) Sitz. Ber. der Wiener Akad. phil.-hist. Cl. XLIII S. 70.

Januar (Barb. fol. 16). Die allgemeine Betrachtung der Monatsbilder hat uns so drastische Beweise für die Nichtzugehörigkeit des barberinischen Blattes zu den übrigen geliefert, daß wir ruhig behaupten können, dasselbe sei gefälscht. Ich schließe es daher von den übrigen Monatsbildern aus und bilde es nur deshalb beistehend ab, damit Jeder selbständig nachprüfen könne. Peiresc erwähnt es in der Aufzahlung der zu übersendenden Blätter nicht, ja er schließt es 17, 12 direct aus. Bei der Bezeichnung der Tafeln mit Buchstaben folgt auf das letzte Blatt des astrologischen Calenders *D. VII* direct der Monat Februar *E*. Die Brüsseler, auf dasselbe Original zurückgehende Handschrift, hat den Monat Januar nicht. Es fehlen die sonst überall beigeschriebenen Tetrastichen. Die rohe Angabe der Schatten durch breite Pinselstriche contrastirt häßlich mit der aller übrigen Figuren. Endlich haben sich auch in der Ornamentation deutliche, vom Fälscher begangene Fehler ergeben.

Und dazu noch der von der Sangallener Handschrift vollständig abweichende Wortlaut des untergeschriebenen Hexameters! All das läßt keinen Zweifel an der Fälschung übrig, trotz Kondakoff, der gerade dieses Blatt allein als Muster aller andern Monatsbilder in seinen Atlas (VIII, 2) aufgenommen hat.

Die eingehende Betrachtung des Blattes bestätigt dieses Urteil. Zunächst fesselt uns die Überschrift MENSIS IANVARIVS, welche entgegen den gleichmäßigen, ungezwungenen Formen der Capital-Rustica, wie sie uns sonst im Calender entgegentritt, deutlich die Mühe verrät, mit welcher der Fälscher sie nachzumalen suchte, besonders bei den Buchstaben V und S. Das Gleiche gilt von dem Hexameter. In dem Bilde selbst sehen wir einen Jüngling, der in eine unschön aufgeschürtzte Ärmeltunica und verbrämte Chlamys gekleidet im Profil nach links vor einem Herde steht und die Rechte über die hochaufsteigenden Flammen hält. Die Linke und das Kinn ruhen auf einem langen, am Boden aufgestützten Stabe. Von äußerst entstellten Formen sind die häßlichen Beine. Hinter der Gestalt hängt rechts an mehreren Ringen ein Kessel, darunter liegt ein nicht vollständig ausgeführter Blasebalg. Am Herde links steht ein Gefäß und eine Lampe, darüber schwebt ein seltsam geformter Haken und ein Fächer zum Anblasen des Feuers. Das Hauptmoment der Darstellung hat der Fälscher dem ihm jedenfalls bekannten Tetrastichon entnommen:

Hic Jani mensis sacer est: en aspice ut aris
Tura micent, sumant ut pia liba (tura) Lares.

Annorum saeclique caput, natalis honorum,
Purpureos fastis qui numeras proceres.

»*En aspice ut aris tura micent*«: Dazu allein könnte man in dem Bilde der Barberina bei gutem Willen die Illustration sehen. Doch wird im Übrigen wol Jeder eher geneigt sein mit Kondakoff darin einen jungen Hirten zu finden, der sich die Hände am Herdfeuer wärmt, als einen Römer bei festlichem Opfer. Der Hexameter darunter lautet:

Janus adest bifrons primusque ingreditur annum.

Der in S. Gallen dagegen:

Primus, Jane, tibi sacratur, eponyme, mensis.

Halten wir zu dem Wortlaut Jedes einzelnen der beiden Verse Ovid Fasten I, 63:

Ecce tibi faustum, Germanice, nuntiat annum
Inque meo primus carmine Janus adest,

so geht zwar deutlich hervor, daß das Original des Sangallensis Ovid's erste Verszeile nachahmt, aber ebenso, daß der barberinische Fälscher unabhängig vom Originale sich aus Ovid's zweiter Zeile seinen Anfang zurechtlegte. Die weitere Anregung mag ihm gegeben haben Auson's Ecloge:

Jane nove, primo qui das tua nomina mensi
Jane bifrons, spectas tempora bina simul.

Diesem Machwerke in Bild und Text gegenüber erinnern wir uns einer Stelle in Peiresc's Nachschrift (15,26.), die lautet: »Ein gewisser Joanne Sibille, ein Geograph, hat ein Supplement der bereits seit mehr als 30 Jahren fehlenden Figuren und Inschriften angefertigt, jedoch so ohne Sinn, daß es nichts taugt und der Wahrheit nicht entspricht, wie man für die Inschriften aus Herwart's Edition und für die Figuren nach alten, bereits vom Pithäus unter dem Titel *Pictura mensium* gedruckten Versen, die diesen Figuren so sehr entsprechen, urteilen kann. Ich halte es daher nicht der Mühe wert, Ihnen eine Probe solcher Pedanterie zu senden, für alle Fälle aber wollte ich Ihnen wenigstens Nachricht davon geben.« Aleander aber muß sich für diese Ergänzungen wider Erwarten doch interessirt haben, denn in einem nicht ganz drei Monate darauf geschriebenen Briefe geht Peiresc nochmals ausführlich auf dieselben ein (Millin p. 227) und schließt (oben S. 17): »Wenn Sie eine Copie derselben wünschen, so werde ich nicht verfehlen Ihnen eine solche zu senden.« Aleander hat diesen Wunsch wol geäußert, denn das gefälschte Blatt des Januar stimmt so zusammen mit Peiresc's Bezeichnung »ohne Sinn angefertigt«, daß wir wol ohne Weiteres Joanne Sibille als seinen Urheber ansehen können. Auch muß die in der Barberina vorliegende Copie von Peiresc ausgegangen sein, weil das Papier durchaus das von Peiresc verwendete ist.

Tafel XVIII (Vind. fol. 2b). Hier tritt in die Bilderreihe zum ersten Male ergänzend die Wiener Handschrift ein. Es fehlt ihr zwar die Umrahmung, welche Joanne Sibille in der Fälschung mühevoll nachbuchstabirte, dafür aber genügt ein

Blick auf das Wiener Bild, um uns im Einklang mit dem Tetrastichon eine würdige Gestalt erkennen zu lassen, welche den Weihrauch in die Flammen schüttet, damit die Laren gütig das Opfer annehmen möchten. Ein Mann in edelsteingeränderter Tunica und darüber geworfener Toga, den Kopf bedeckt mit einer pelzbesetzten Mütze mit rückwärts herabfallendem Schleier, wie er vor einem reich verzierten Thymiaterion stehend die Rechte opfernd über die hochaufsteigende Flamme hält, während die Linke ein Kleeblatt trägt. Links neben ihm sieht man einen Hahn, der, wie sonst den Tag, hier den Beginn des Jahres andeuten mag[86]. Rechts steht auf einer Basis eine Aschenurne, den Ort der Handlung, das Sacrarium andeutend. Kein Zweifel, hier haben wir den mit dem Purpur bekleideten Großen, welcher am Geburtstage der Ehren, d. i. am Beginne des Jahres seinen Ahnen opfert[87].

Jedenfalls ist ein Opfer dargestellt. Erinnern wir uns nun, daſs, unbeschadet aller Nachsicht gegen heidnische Feste und Bräuche[88], noch zur Zeit der Doppelherrschaft des Constantius und Constans, also vor 350, ein Gesetz erlassen worden war, welches neben der Schlieſsung der Tempel auch vorschrieb: *Volumus etiam cunctos sacrificiis abstinere. Quod si quis aliquid forte huius modi perpetraverit gladio ultore sternatur*[89]. Und weiter wiederholt ein anderes Gesetz das Opferverbot in schärfster Weise: *poena capitis subjugari praecipimus eos, quos operam sacrificiis dare vel colere simulacra constiterit*[90]. Ist es diesen Tatsachen gegenüber nicht geradezu undenkbar, daſs dann im Jahre 354 noch ein Opfer von der Bedeutung begangen werden durfte, daſs es der Zeichner als für den Monat charakteristisch in einen Calender, der von Hand zu Hand zu gehen bestimmt war, neu einsetzen konnte? Wieder werden wir daher hier zu der Annahme gedrängt, es seien ältere Typen gedankenlos copirt worden. Die Städtebilder lehnen sich in ihren Typen an die antike Tradition, die Victoria ist in der Art derjenigen des Constantinsbogens gehalten, die Planeten sind durchaus nach altrömischen Mustern copirt. Einer weit früheren Zeit als 354 dürfte auch die Schöpfung des vorliegenden Monatsbildes angehören. — Lambecius deutet die *proceres purpureos* auf *consules* und die *calendas Januarias*, resp. den *Natalis honorum*, auf den Anfang des Consulats und sieht in dem Opfernden einen Consul. Wäre dem so, dann dürfte das ein neuer Beweis dafür sein, daſs dieses Bild aus älterer Überlieferung stammte; denn im Jahre 354 trugen die Consuln bereits die Trabea, die ihnen unter Diocletian oder Constantin gegeben wurde. — Erwähnt sei noch, daſs bei diesem Bilde vom Copisten teilweise Farbe angewendet wurde: Gesicht und Hände sind in blassem Fleischtone, das Untergewand, die Flamme, sowie Kamm und Flügel des Hahnes rot gehalten.

Gehen wir nun kurz auf die andern Darstellungen des Januar über. Aus der antiken, resp. altchristlichen Kunst haben wir leider kein zweites Beispiel. In

86) Der athenische Festkalender an der Panagia Gorgoepiko stellt übrigens zum Poseideon December — Januar einen Hahnenkampf im Theater dar.

87) Das *Menologium rusticum* (*CIL* I p. 358/9 und VI 2305 b) sagt, das Monatsfest bezeichnend: *sacrificandis penatibus*.

88) Vergl. Mommsen Ber. d. k. sächs. Ges. d. Wiss. 1850, S. 69 ff.

89) Cod. Theod. XVI, 10 Ges. 4.

90) Cod. Theod. XVI, 10 Ges. 6.

dem Mosaik aus Tyrus erscheint der entsprechende [illegible] einfach als ein bärtiger Mann, der, ähnlich wie der Februar in Byzanz, die Kapuze seines Mantels über den Kopf gezogen hat. In der byzantinischen Kunst selbst wird er bald als Jäger mit dem Hasen in der Rechten, bald als ein Mann gebildet, der einen Schweinskopf auf einer Schüssel trägt, eine Anspielung auf die Schmausereien, wie sie die zugehörige Monatsregel andeutet und wie sie uns besonders im Norden und vereinzelt auch in Italien begegnen werden. In Italien aber trifft uns der Januar in einer Gestalt entgegen, die wir eher in unserem Calender erwartet hätten: als *Janus bifrons* [illegible]. In Aosta wird er als der Gott des Ein- und Ausganges gebildet: er ist zweiköpfig und steht von vorn gesehen zwischen zwei Häusern, gegen deren Thüren er die Arme ausstreckt, als wolle er die eine schliefsen, die andere öffnen. In Arezzo steht *hic est Janus bifrons* unter einem Manne mit zwei bärtigen Köpfen, welcher mit einem Kruge in der Hand auf einen Herd zuschreitet, über dem ein Kessel hängt. In Parma hat er zwei bärtige Köpfe und unter ihm sind in zwei Reliefs Beschäftigungen: das Aufhängen des Kessels über dem Feuer, das Holzhacken und das Umfüllen einer Flüssigkeit dargestellt. Neben der Bildung als Janus aber findet sich der Januar auch in Pisa ähnlich unserer Calenderzeichnung als ein Mann in Tunica und Mantel vor einem Herde stehend, über dessen Feuer er die Rechte opfernd oder sich wärmend ausstreckt, während die Linke eine Rolle hält. Daneben endlich, wie neben Janus auch schon in Parma, erscheint der Monat in einer der Jahreszeit entsprechenden Thätigkeit. So in Verona, Lucca und am Dogenpalast vor einem Feuer sitzend und sich wärmend, in Perugia ebenfalls vor dem Herde sitzend, aber mit einer Schüssel in der Rechten und einem Kelch in der Linken. Dazu als Genosse eine alte Frau, welche eine Schüssel über das Feuer hält und mit der Linken einen Krug erhebt. Beide sind wie auch in Otranto schmausend dargestellt, eine Auffassung, die sich besonders im Norden wiederfindet [illegible]. Ähnliche Vorbereitungen sieht man in der Florentiner Handschrift im Gange: ein Jüngling ist an einem über dem Herde hängenden Kessel beschäftigt, hinter ihm ein sinnend Dasitzender. Der Gefährte trägt ein Gefäfs, eine zweite Gestalt Holz herbei: alles Beschäftigungen, wie wir sie auch in Parma gesehen haben.

Die Darstellung des Januar ist somit in den verschiedenen Gebieten der Kunst des Südens ganz verschieden. Die altchristliche Kunst bildet eine antike traditionelle Sitte nach. Es ist klar, dafs mit dem Aufhören derselben allmählich auch dieser Typus enden mufste. Deshalb sehen wir die byzantinische Kunst Neues schaffen, das den Gebräuchen ihrer Zeit entspricht. Ebenso weicht die italische ab, welche entweder, auf die Bedeutung des Monatsnamens zurückgreifend, den Janus darstellt oder den Monat sich wärmend oder endlich schmausend bildet.

Das Zeichen des Tierkreises (Taf. XXXIII), der Aquarius, welches auf der dem Bilde gegenüberstehenden Textseite angebracht sein sollte, findet sich in der Vaticana fol. 232a. Der Wassermann ist, wie auch Peiresc sagt, als nackter Mann

[illegible]) Vgl. über diesen noch Piper Myth. und Symb. I, 2 S. 380.

[illegible]) Vgl. z. B. V. Champier *Les anciens almanachs illustrés.* Paris 1886 pl. I.

mit flatternder Chlamys und phrygischer Mütze gebildet, in den vorgestreckten Händen ein Gefäfs haltend, aus dem Wasser strömt. Die Composition ist genau gegeben bei Hygin (*Poet. astr.* III, 28). Die phrygische Mütze erklärt sich aus der Deutung auf Ganymed, wie sie Hygin (II, 29) und Ampelius (*Lib. mem.* II, 11) gleicher Weise vorbringen.

Auf der Rückseite des Textblattes in der Vaticana liest man: »MENSIS FEBRVARIVS. *Qui va l'imagine del mese di Febraro segnata E.*«

Februar. Taf. XIX (Barb. fol. 16). Wie es die eben citirte Notiz vorschreibt, liest man auf der Rückseite in der oberen und unteren Ecke die Bezeichnung E. Zur Ornamentation ist zu bemerken, dafs, vom Copisten wol, die Muscheln in den Lunetten ausgelassen sind. Im Bilde sehen wir eine weibliche Gestalt in faltenreicher, doppeltgegürteter Tunica mit weiten Ärmeln, umweht von einem Mantel, der, schleierartig über den Kopf gezogen und auf demselben zusammengeknotet, von da über die Schultern herabfällt. Nach rechts hin ausschreitend trägt sie eine Gans, die ein um den Hals gelegtes Band ziert. Links neben ihr sieht man einen Reiher, rechts einen auf den Kopf gestellten grofsen Fisch und um sie herum Dinge, auf die wir nach Prüfung des Tetrastichons zu sprechen kommen. Dasselbe lautet:

At quem caeruleus nodo constringit amictus
 Quique paludicolam prendere gaudet avem,
Daedala quem iactu pluvio circumvenit Iris,
 Romuleo ritu februa mensis habet.

Unser Bild schliefst sich genau den ersten drei Verszeilen an: da ist der weiblich gefafste Februar mit dem am Kopfe geknoteten Umwurfe, wie er den Vogel des Sumpfes, eine Gans oder, wie Peiresc meint, einen Schwan trägt. Hinter ihm strömt aus einem schön geformten Kantharus der Regen herab, in dem sich die bunte Iris spiegelt. Im Februar, der von Alters her dem Neptun heilig ist, überströmt Alles von reicher Wasserfülle, dem Elemente des Fisches, der, das Zeichen des Monates, rechts dargestellt ist. Die Muscheln, der Tintenfisch und ähnliche Polypen, die man rechts unter der Gans sieht, gedeihen in demselben Elemente und der Reiher sucht Nahrung suchend an Seen und Teichen. Peiresc hält übrigens den Vogel links für einen Storch, wogegen der gebogene Schnabel spricht. Was den letzten Pentameter anbelangt, so bezieht er sich auf das im Monate Februar, welcher ursprünglich der letzte des Jahres war, stattfindende Reinigungs- und Sühnfest, die *februa*, nach denen der Monat benannt ist. Peiresc sieht in der weiblichen Gestalt eine Vestalin. Möglich, dafs der Künstler eine solche geben wollte, wenigstens hatte sie am Tage vor dem Beginne der Lupercalien das allgemeine Sühnopfer darzubringen: *virgo Vesta parentat*, sagt der Calender, so dafs wahrscheinlich auch hier, wie in dem Bilde des Januar, ein Opfer dargestellt ist. Der Cult der Vesta, obwol er nichts mit so allgemeiner Festesfreude zu tun hat, wie die später im April, November und December angedeuteten Culte, überdauerte den von Constantius heraufbeschworenen Sturm. Ja Constantius selbst, nachdem er 356 auf das Opfer im Allgemeinen den Tod gesetzt hatte, bestätigt, als er im Jahre 357 Rom besuchte, die alten Privilegien der vestalischen Jungfrauen*). — Es ist unbegreiflich, wie Peiresc auch hier wieder, wie beim Saturn in dem Knoten am Kopfe der Gestalt eine ägyptische Blume erkennen will, da doch das Tetrastichon ausdrücklich sagt: *quem caeruleus nodo constringit amictus*. — Unter dem Bilde und als Ergänzung dazu unter dem Texte in der Vaticana liest man:

Umbrarum est alter, quo mense putatur honore
Pervia terra dato manibus esse vagis (ulcis).

Die Brüsseler Zeichnung ist in einigen Details, besonders dem Polypen zur Rechten exacter. Die Wiener stimmt in den Hauptsachen, doch fehlen die Muscheln und Polypen. Wieder sind Gesicht und Hände mit blassem Fleischtone, das Haar rot angelegt. Auch die Flossen des Fisches sind rot, ebenso Schnabel, Flügel und Beine des Vogels links, der hier durch den langen, geraden Schnabel als Storch charakterisirt ist. Das aus der Vase strömende Wasser ist grün gefärbt.

In dem Mosaik aus Tyrus ist der Hapinsc nicht weiter gekennzeichnet: ein Jüngling mit krausem Haar, gehüllt in die Tunica mit dem Clavus über die rechte Schulter und dem Pallium auf der linken. Die byzantinische Kunst stellt unter seinem Bilde stets einen, in einen Pelz mit Capuze gehüllten Greis dar, der sich am Feuer wärmt. Ebenso finden wir ihn einmal im nördlichen Italien, in Aosta, der hohen Bergveste, wiedergegeben. Aber weiter im Süden in der Ebene: in Verona, Piacenza und Arezzo sehen wir ihn schon draußen im Felde die Bäume und den Wein schneidend, in Parma den Boden mit der Schaufel umgrabend, während er am Dogenpalaste, ferner in Pisa, Lucca und dem von Pisaner Künstlerhänden ausgeführten Relief am Brunnen in Perugia fischend dargestellt ist. Die florentiner Miniatur vereinigt beide Darstellungsarten, indem sie den Monat einmal mit der Baumzucht beschäftigt, das andere Mal fischend zeigt. In Otranto sieht man einen Mann am Brunnen und daneben ein Ferkel am Spieße.

Dieser Überblick lehrt eine ähnliche Wandlung, wie im Typus des Januar. Weil der Calender vom Jahre 354 auf ein heidnisches Fest anspielt, konnte sich seine Darstellungsweise nicht halten. Die byzantinische Kunst deutet die Zeit des hochgradigen Winters an, die italische die Beschäftigung der Jahreszeit: das Beschneiden der Bäume und den Fischfang.

Das Zeichen des Tierkreises, die Fische, befindet sich unter den in der Barberina auf einem Blatte vereinigten (Taf. XXXIII). Sie liegen *Notius* und *Boreus* genannt, der eine mit dem Kopf nach links, der andere nach rechts, den Rachen durch eine Schnur verbunden übereinander, genau so wie es Hygin (III, 29) vorschreibt.

Auf der Rückseite des Textblattes in der Vaticana heißt es: MENSIS MARTIVS. *Qui va l'imagine del mese di Marzo, segnata F.*

*) Amm. Marc. XVI, 10. Symmachus *Ep.* X, 54. Vgl. V. Schultze Gesch. d. Untergangs des griech.-röm. Heidentums. Jena 1887 I S. 91.

März. Tafel XIX (Barb. fol. 18). Mit der oben citirten Notiz übereinstimmend ist das Blatt auf der Rückseite oben und unten mit *F* signirt. Das Bild zeigt einen schönen Jüngling mit lockigem Haupte, halb bekleidet mit einem exomisartig umgeworfenen Fell. Er schreitet nach rechts und umfaſst mit der Linken ein neben ihm aufspringendes Böcklein. Dabei sieht er den Beschauer voll an und weist mit der Rechten auf einen Vogel, der im Fenster sitzt. Links sieht man einen Eimer, rechts oben drei Körbchen und einen Vogel.

Cinctum pelle lupae promptum est cognoscere mensem:
Mars olli nomen, Mars dedit exuvias.
Tempus vernum, aedus petulans et garrula hirundo
Indicat et sinus lactis et herba virens.

Die Übereinstimmung mit unserem Bilde ist geradezu wörtlich. Der Jüngling mit dem Felle des Wolfes, dem heiligen Tiere des Mars, an und für sich schon eine Personification des Monats, der unter dem Schutze des Mars steht. Ihm gesellen sich die Anzeichen des Frühlings: der mutwillig springende Bock, die Schwalbe, welche mit ihren langgezogenen Tönen geschwätzig die Luft erfüllt[**], der Milcheimer, welcher kaum die Fülle des Euters zu fassen vermag, endlich das sprieſsende Grün, das die Fluren zu beleben beginnt: ein frisches, erquickendes Frühlingsbild. Eine zweite Schwalbe fliegt von rechts oben heran und unter ihr sieht man drei Körbchen, auffallende Attribute, welche die Dichtung nicht erwähnt. In solchen Körbchen bringt die *ciociara* noch heute die *ricotta*, den Quarkkäse, zu Markte. Von dem unten stehenden Distichon ist uns in der Peiresciachen Handschrift nur der Hexameter erhalten, da das zugehörige Textblatt bereits fehlt. In St. Gallen finden wir die Ergänzung:

Condita Mavortis magno sub numine Roma
Non habet errorem: Martius auctor erit.

Tafel XXI. Ich bilde, um wenigstens eine Probe zu geben, hier neben der Copie des Peiresc den März der Brüsseler Handschrift ab. Abgesehen davon, daſs die fehlende Umrahmung einen guten Teil des günstigen Eindruckes mit fortgenommen hat, lehrt der erste Blick, daſs die Copie der Barberina weit über der in Brüssel steht. Letztere verrät eine ziemlich ungeschickte und flüchtig skizzirende Hand, die sich mit einer ungefähr entsprechenden Nachbildung begnügt. Von einer Wiedergabe des stilistischen Charakters kann nicht die Rede sein. Und auch im Detail treten Flüchtigkeiten deutlich hervor. So zeigt gleich die Füllung der Fensterbrüstung ein anderes Muster: bei gleichem Grundschema hat die eine Füllung durchaus antike Form, während die in Brüssel vom Copisten misverstanden und als Stern gebildet ist. Da aber die barberinische, wie sich auch aus einer Analogie in einem bei Besprechung des Mai anzuführenden Mosaik des capitolinischen Museums ergeben wird, die richtige ist, so können wir aus diesem Detail ersehen, wie wenig es dem Brüsseler Copisten auf Treue ankam. Auch sind die Körbchen mit Bändern verziert.

[**]) Franks weist hier passend auf das griechische Vasenbild in den Mon. dell' Inst. II tav. XXIV und bei Panofka Bilder antiken Lebens Taf. XVII, 6 hin.

Das Wiener Blatt hat ein im Ganzen übereinstimmendes Bildchen. Doch ist die Figur in den Stichen bei Lambecius und noch mehr bei Graevius krumm gewachsen und trägt eine mächtige Perrücke, Übertreibungen, die im Originale nicht so auffallend sind. Die Schwalbe sitzt auf einem von links hereinreichenden Stabe und ist blau, die zweite Schwalbe und die Körbchen fehlen. Der Milcheimer links hat eine andere Form bekommen und rechts hat sich ein zweiter, dem unseren ähnlicher eingefunden. So tritt besonders in diesem Bilde hervor, daß die Brüsseler sowol, wie besonders die Wiener Copie in vieler Hinsicht hinter der barberinischen an Treue der Überlieferung zurückstehen.

Für den Monat März können wir nun zum ersten Male auch das Mosaik aus Karthago zum Vergleiche heranziehen. Wir sehen in demselben eine weibliche in Tunica und Mantel gehüllte Gestalt, welche sich, die Rechte aufstützend, über ein Postament zurücklehnt. Auch sie blickt nach dem Beschauer und weist, wie unser Hirt auf eine Schwalbe, die am Baume gegenüber sitzt, ein Motiv, das ebenfalls nicht durch die Verse begründet wird. Die meisten der von diesen erwähnten Attribute sind vorhanden: der *sinus lactis*, ein großer Kessel mit oben aufgesetztem Henkel und auf demselben liegend eine Pflanze, die *herba virens*. Aber merkwürdig: während der vom Tetrastichon erwähnte *haedus petulans* fehlt, sind dagegen die nur im Bilde vorkommenden, von den Versen nicht erwähnten Körbchen da: zu zweien stehen sie auf einer Basis rechts.

März. Mosaik aus Karthago in London.

Die Beziehungen zwischen diesen drei Cyclen, demjenigen des Tetrastichons, des Calenders und des Mosaiks sind demnach so wenig fest ausgeprägt, daß ein näheres Eingehen darauf not tut. Als von ihnen gebrauchte Characteristica ergeben sich nebeneinander gestellt folgende:

Tetrastichon	Calender	Mosaik v. Karthago
pellis lupae	Wolfsfell	—
haedus petulans	springendes Böcklein	—
garrula hirundo	Schwalbe	Schwalbe
sinus lactis	Milcheimer	Milcheimer
herba virens	sprießendes Grün	sprießendes Grün
—	Motiv des Hinweisens	Motiv des Hinweisens
—	Körbchen	Körbchen
Mars	Mann	Weib

Das Tetrastichon kann nicht allein und direct das für den Schöpfer des Calenderbildes maßgebende Muster gewesen sein, weil die Körbchen und das Motiv des Hinweisens durch dasselbe nicht begründet sind. Derselbe Grund muß dem Mosaik gegenüber geltend gemacht werden, bei dem noch hinzukommt, daß es zwei vom Tetrastichon gegebene Motive ganz übergeht und eines gerade durch das Gegenteil ersetzt, indem es an die Stelle des Mannes eine Frau treten läßt.

Der Calender kann nicht das allein zu Grunde liegende Monument sein, weniger gegenüber dem Tetrastichon, weil dort die Körbchen und das Motiv des Hinweisens nicht erwähnt werden, als weil der Typus des Mosaiks im Ganzen durchaus nichts mit dem des Calenders zu tun hat.

Das Mosaik aus Karthago endlich kann, das lehrt ein Blick, niemals den beiden anderen als Muster gedient haben.

Was bleibt nun übrig? Das Vorkommen der Schwalbe, des Milcheimers und des sprießenden Grüns weist auf einen gemeinsamen Boden aller drei Cyclen, das dem Tetrastichon und dem Calender eigene Wolfsfell und das springende Böcklein auf einen engeren Zusammenhang zwischen Bild und Lied, das dem Calender und dem Mosaik zukommende Motiv des Hinweisens und die Körbchen auf das Vorhandensein eines vermittelnden Gliedes zwischen diesen beiden. Wollten wir nun aber annehmen, es habe ein Cyclus, sei es in Dichtung oder Bildkunst, existirt, der all die in den drei uns bekannten Cyclen enthaltenen Characteristica vereinigte, und jeder der drei Cyclen sei mit Auswahl einzelner Motive direct nach diesem angefertigt, so ist auch das unmöglich, weil der Monat dann wenigstens dem Geschlechte nach hätte eins sein müssen.

Daher bleibt nur eine Annahme: daß wir in zweien von diesen Typen oder in allen dreien wuchernde Abarten eines ursprünglich einzigen Typus vor uns haben. Damit eine solche Variation möglich sei, muß dieses Archetypon ein hohes Alter hinter sich haben, das ursprünglich gemeinsame Schema vergessen d. h. wenn vielleicht auch noch existirend, nicht mehr als solches bekannt gewesen sein. Im gegebenen Falle könnte an und für sich ebenso gut das Calenderbild, wie das Tetrastichon das Archetypon vorstellen, wenn wir dieses überhaupt in einem der beiden suchen wollten, niemals aber das Mosaik in Karthago, welches fern vom Centrum der Kunst, wahrscheinlich unter localen Einflüssen entstanden ist.

Der *Μάρτιος* des Mosaiks von Tyrus ist teilweise zerstört, doch läßt sich erkennen, daß er als Jüngling ohne Attribute gebildet war. Die byzantinische Kunst tut diesem Monate gegenüber das, was die italische dem Januar gegenüber vornahm: sie greift auf die Bedeutung des Monatsnamens zurück und bildet den März stets als Krieger, d. h. als Mars. In Italien erscheint die Monatsfigur in zweierlei Beschäftigung: in Aosta, Lucca und Perugia beschneidet er die Bäume oder den Wein, in Verona, Pavia, Piacenza, Parma, Arezzo und am Dogenpalast (*Martius Cornator*) aber stößt er in ein Horn, d. h. er ruft das Vieh heraus in die Berge[49]. Eine

[49]) E. Müntz *Rev. arch.* IV, S. XXXII p. 431 deutet: *soufflant dans des cornes pour réveiller le Printemps.* Vgl. auch dessen *Études icon. et arch.* p. 28.

sonderbare Darstellung sieht man in Pisa. Dort sitzt ein Mann in Tunica und Pallium auf einem Klappstuhl und hält, ähnlich wie der Dornauszieher, ein Bein mit beiden Händen über das andere gekreuzt. Genau dieselbe Figur finden wir in der florentiner Miniatur, während als Genosse eine sitzende Gestalt gebildet ist, die in ein Doppelhorn stößt. Eine Gestalt in der Art des Dornausziehers beschreibt Schulz auch unter dem Bilde des März in Otranto; sie streicht ein Messer ab. — Die altchristliche Kunst deutet somit in dem Bilde des März alles das an, was den Beginn des Frühlings bezeichnet. Die italische folgt ihr darin, beschränkt sich jedoch auf bestimmte Tätigkeiten: das Beschneiden der Bäume und den Auszug des Viehes auf die Weide. Die byzantinische Kunst geht hier ganz ihre eigenen Wege.

Das Zeichen des März, der Widder, ist mit den nun folgenden vier Blättern aus der Peirescischen Handschrift verloren gegangen, wie auch die vier weiteren Monatsbilder. In diese Lücke tritt, wenigstens für die letzteren, wie beim Januar, die Wiener Handschrift ergänzend ein.

April. Tafel XXII (Vind. fol. 4b). Ein Mann in kurzer, gegürteter Tunica und mit Sandalen an den Füßen tanzt mit langgestielten Klappern in den Händen vor einem Venusbilde, welches inmitten eines Kranzes auf einem sonderbar geformten Postamente steht. Davor brennt, auf einen Leuchter gesteckt, ein Licht, rechts am Boden liegt eine Orgelflöte.

Contectam myrto Venerem veneratur Aprilis.
Lumen turis habet, quo nitet alma Ceres.
Cereus a dextra flammas diffundit odoras,
Balsama nec desunt, queis redolet Paphie.*

Unser Bild schließt sich eng an diese Verse an, übergangen ist, so scheint es, nur der zweite, welcher sich auf das im April stattfindende Fest der Cerealien bezieht. Ebenfalls im April wurden in Rom die Feste der Venus in ihrer Bedeutung als Göttin sinnlichen Liebesgenusses gefeiert. An den Kalenden beteten alle Frauen um Glück bei den Männern, am 23. die Buhldirnen, am 25. sogar die feilen Knaben**. Auf eine ähnliche Feier mag unser Bild Bezug haben. Franks hält den Tanzenden für einen Kybele-Priester. Das Bild ist archäologisch wol das interessanteste, aber auch für die Deutung schwierigste.

Die unter Bild und Text zu setzenden, in Wien nicht vorhandenen Verszeilen lauten nach dem *Sangallensis*:

At sacer est Veneri mensis, quo floribus arva
Compta virent, avibus quo sonat omne nemus.

Auch zu diesem Blatte ist uns glücklicherweise die Darstellung des Monats April in dem londoner Mosaik aus Karthago erhalten (S. 66). Statt des Mannes sehen wir wieder eine Frauengestalt in einen mit eigentümlichen Ornamenten geschmückten

**) Preller-Jordan Röm. Myth. I S. 449.

Chiton gehüllt. Auch sie tanzt und ahmt dabei Zug für Zug die Haltung des Mannes nach. In den Händen hält sie wie jener langgestielte Klappern. Variirt ist das Venusbild, welches hier auf einer Basis rechts wieder in der Myrtenlaube steht. Der *Cereus a dextra* fehlt. Wir haben somit genau dasselbe Verhältnis der drei Typen wie beim März.

Die Klappern finden sich schon auf ägyptischen Monumenten[77]. Dann sehen wir sie im 5. Jrh. auf dem bekannten Elfenbein-Kästchen in Brescia[78], wo zwei der um das goldene Kalb tanzenden Israeliten in jeder Hand zwei Stäbe mit den zugehörigen Schallbecken halten. Schliefslich aber kommt dieses Instrument sogar noch in karolingischer Zeit vor. In der Miniatur des Psalters Karls des Kahlen im Louvre, wo David die Harfe spielend und um ihn herum tanzend und musicirend seine vier Gefährten dargestellt sind, führt einer von letzteren ebenfalls die Klappern und nimmt eine Tanzstellung ein, die geradezu als Pendant zu dem Tänzer unseres Calenders angesehen werden kann[79].

April. Mosaik aus Karthago in London.

Das Mosaik von Tyrus bildet wie die vorhergehenden auch den Zeichen bartlos und ohne besondere Kennzeichen. Die byzantinische Kunst zeigt ihn als einen Hirten, der ein neugeborenes Zicklein auf der Schulter trägt. Der alt-athenische Fest-Calender illustrirt in ähnlicher Weise den Elaphebolion, März—April, und bildet unter anderm einen Silen ein Böckchen und einen Mann einen Widder an den Hörnern zum Opfer führend. Der Typus des Kriophoros in seiner Beziehung zum Frühlinge, wie er uns in Byzanz im Bilde des April entgegentritt, ist auch der römischen Kunst geläufig. So war er in dem Grabmal der Nasonen direct als Frühlingsbild gebraucht[80]. Bekannt ist die Verwendung dieses Typus für die Darstellung Christi als guter Hirte. Unger meint, es liefse sich vielleicht am besten aus der Verwendung des Kriophoros als Allegorie für die Zeit des Wiedererwachens der Natur erklären, wie derselbe auf Christus, den Begründer des neuen Lebens übertragen werden konnte[81].

[77]) Vgl. Weiß Costümkunde I fig. 80a.

[78]) Abg. bei Garrucci Tav. 442.

[79]) Abg. bei Bastard Bd. VI, Schnaase III S. 644, Lenormant Bd. I, Labarte II pl. I.

[80]) Abg. bei P. Santo Bartoli *Pitture ant. dei sepolcri de' Nasoni* Tab. 32.

[81]) Unger bei Ersch und Gruber Bd. 84 S. 383. Vergl. Veyries, *les figures criophores dans l'art grec, l'art Gréco-Romain et l'art chrétien.* Paris 1884.

Ebenso einheitlich wie die byzantinischen Monatscyclen, aber vollständig verschieden gehen die italischen Bildner vor: sie geben dem Monate Blumen in die Hand, als wären sie sich damals noch des Namensursprunges dieses Monats als des knospenöffnenden bewufst gewesen. Die florentiner Miniatur macht eine Ausnahme: sie zeigt den Ritter mit seiner Dame, wie ihn die andern Monumente Italiens erst in dem Bilde des Mai bringen. Am Dogenpalast und in Otranto ist ein Hirt dargestellt, wahrscheinlich unter dem Einflusse von Byzanz. — Die altchristliche Kunst schlofs sich somit an die antike Tradition, ihr Typus stirbt mit dieser. Die Byzantiner wahlen das Hirtenleben, die Italiker, wie das Distichon des Calenders, die Blumenfülle des Frühlings zum Gegenstande.

Das Zeichen des Zodiacus fehlt hier, wie in den folgenden beiden Monaten, vollständig; denn im Peiresciachen Originale waren diese Blätter ausgefallen und in Wien sind die Zeichen nicht mit copirt worden.

Mai. Tafel XXIII (Vind. fol. 5b). Man sieht einen Mann in eine lange Tunica mit weiten Ärmeln gehüllt, wie er an einer Blume riecht und in der Linken einen Korb mit Rosen hält. Neben ihm ein Pfau.

Cunctas veris opes et picta rosaria gemmis
Liniger in calathis, aspice, Maius habet.
Mensis Atlantigenae dictus cognomine Maiae,
Quem merito multum diligit Uranie.

Die Illustration entspricht durchaus den beiden ersten Verszeilen. Der *Maius* wird als *liniger* dargestellt vielleicht unter dem Einflusse der Feier an den Calenden des Monats, wo der so gekleidete *flamen Vulcanalis* der *Maia* ein trächtiges Schwein opferte. Es wäre dies die gleiche Herübernahme einer charakteristischen Figur des Festes wie in den Monaten Februar, April und später im November und December. Im Übrigen nimmt der *Maius* hier die Stelle des April in späteren italischen Darstellungen ein: er ist der Knospenöffnende, der in seinem Schoofse alle Fülle des Frühlings, Blumen und den reichsten Flor bunter Rosen vereinigt.

Das Distichon lautete nach dem *Sangallensis*:

Hos sequitur largus toto iam germine Maius,
Mercurio et Maiae quem tribuisse iuvat.

Mehr als sonst fällt den Monaten April und Mai gegenüber in's Auge, dafs diese Distichen von dem Illustrator ganz unberücksichtigt blieben und von den Tetrastichen unabhängig sind, ja ihnen bis zu einem gewissen Grade entgegenlaufen. Sie besingen schon im April die Blumen, im Mai bereits die Saat. Nur die mythologischen Bezüge sind die gleichen.

Für dieses Monatsbild haben wir ein Gegenstück in dem oben bei Gelegenheit des Brüsseler Märzbildes erwähnten Mosaik des capitolinischen Museums mit der Inschrift MAIVS erhalten, welches umstehend zum ersten Male abgebildet wird. Die Darstellung ähnelt der des Calenders. Ein Jüngling, nur leicht in die aufgeschürzte

MAIVS. Mosaik des capitolinischen Museums.

Tunica gekleidet, steht von vorn gesehen, aufwärts blickend da. Wie in dem Bilde unseres Calenders, und das ist von einiger Bedeutung, erhebt er die Rechte mit einer Blüte zur Nase. Hinter ihm sieht man zwei Fenster, deren Brüstungen genau wie im Bilde des Marz gebildet sind. Im Übrigen aber breitet sich um ihn die ganze Pracht des Blumenmonats aus. Er selbst hält in der Linken wie in unserem Bilde den Korb und rechts neben ihm steht ein anderer auf einem Postamente, über das eine Binde mit ihren zwei Enden herabfällt. Unter dem Fenster links sieht man auf einer Basis eine durchsichtige, schon geformte Henkelvase, aus der ebenfalls Blumen hervorragen und auf der ich Reste einer Inschrift PI. . . zu bemerken glaube. — Der Anschluſs dieses Mosaiks an die Typen des Tetrastichons und des Calenders ist unleugbar. Er ist sogar ein engerer als derjenige der Karthagischen Mosaiken. Trotzdem wird auch hier Niemand an eine directe Beziehung denken können. Ist auch das Schema der Gestalt — eine männliche Figur in Tunica, fast in voller Vorderansicht, mit der Rechten eine Blume zur Nase führend, in der Linken einen Korb haltend — im Allgemeinen die des Calenderbildes, so herrscht doch im Einzelnen wieder so groſse Verschiedenheit, daß wir auch dem capitolinischen Mosaik gegenüber nur den Standpunkt einnehmen können, welchen uns die Karthagischen Mosaiken aufdrangen, d. i. anzunehmen, daß dieses Mosaik nicht direct auf das Tetrastichon oder den Calendercyclus zurückgehe, sondern ebenso, wie wenigstens letzterer, nichts als die Variante eines ursprünglich gemeinsamen Archetypons sei. Was dem Mosaik aber besonders eignet, ist der scheinbar engere Anschluß an unseren Calender, der sich besonders kundgibt in der gleichen Form der Fensterbrüstungen des Hintergrundes und der vielleicht zufällig gleichartigen Bewegung der rechten Hand, an der ein Finger wie im Märzbilde des Calenders erhoben ist. Eigentümlich ist diesem Mosaik ferner die sonderbare Plumpheit der Körperformen, die uns an einem römischen Werke, und sei es auch im 4. Jrh. entstanden, immerhin Wunder nehmen muß, insbesondere bei einem vergleichenden Blicke auf die gleichen, viel edler gebildeten Arbeiten aus Carthago.

Und noch ein anderes Mosaik derselben Zeit bietet solche Analogien. Es ist das von Beulé erwähnte und leider bei der Ausgrabung zu Grunde gegangene zweite Mosaik aus Carthago, in welchem Davis (p. 201) den *Maius* so beschreibt: »*it was represented by a turgid boy with a brick-red face, dressed in a short tunic, and bearing a basket of flowers*«. Das *turgid* und *brick-red* gehört wol auf das Conto der Eifersucht Davis', die ihn in dem ganzen Abklatsche zu einer gesteigerten Polemik gegen Beulé hinreißt. Davon abgesehen haben wir wie in unserem Calenderbilde und dem capitolinischen Mosaik auch hier den Mann in der Tunica mit dem Blumenkorbe in den Händen.

Der 'Απρίλιος des Mosaiks von Tyrus ist wie seine nächsten Vorgänger ein Jüngling in Tunica und Pallium, aber ausgezeichnet durch einen Blätterkranz im Haare. In den griechischen Miniaturen sehen wir stets einen Mann mit weißer Mütze, der Blumen trägt, also nach demselben Schlagworte gebildet ist, wie das Bild des Calenders und die Mosaiken. Die beiden Octateuch-Miniaturen schließen sich sogar noch enger an den altchristlichen Typus,' indem sie den Mann an einer Blume riechen lassen. Einen sonderbar selbständigen Standpunkt nehmen die italischen Monumente ein. Sie wenden sich von der Natur ab und dem Ritterleben zu. Denn in ihnen sieht man stets einen Reiter, aber ungerüstet, der bald vorwärts sprengt wie in Aosta, Verona, Arezzo, Parma und in Perugia, wo, wie in Florenz beim April, eine berittene Dame ihn begleitet, bald sein Pferd tränkt, wie in Piacenza. Es ist der Ritter, der beim Anbruche der warmen Jahreszeit hinauszieht in die Ferne oder mit seiner Dame Wald und Flur durchstreift. Wie die florentiner Handschrift mit dieser Darstellung vorgegriffen hat, so hebt sie dem Mai gegenüber längst Abgemachtes hervor und stellt Bauern bei der Feldarbeit dar. Am Dogenpalast sieht man im Anschluß an Byzanz den Mann mit Blumen, in Otranto eine Figur, welche Früchte abnimmt.

Das Zeichen des Thierkreises fehlt.

Juni. Tafel XXIV (Vind. fol. 6b). Die Darstellung schlieſst sich so eng an das Tetrastichon, daſs wir besser tun, dieses sofort zu citiren:

Nudus membra dehinc solares respicit horas
Junius, ac Phoebum flectere monstrat iter.
Jam falx (Lampas) maturas Cereris designat aristas
Floralisque fugas lilia fusa docent.

Demgemäß sehen wir einen nackten Jüngling vom Rücken, wie er die vor ihm auf einer Säule stehende Sonnenuhr beobachtend mit den Fingern einen Gestus macht, als wolle er den Winkel nachmessen. In seiner Linken hält er die Fackel, das Sinnbild der Sonnenglut, welche die Ähren zur Reife bringt. Links schwebt die Sichel, das Symbol der Ernte. Darunter sieht man einen Korb, von der Art, wie wir ihn stets in diesem Calender wiederfinden, gefüllt mit Früchten der Ceres. Zwischen der Gestalt und der Säule erhebt sich im Hintergrunde eine Pflanze: die auch von den Versen erwähnte Lilie, welche, wenn ihre Blüten zerfallen, die Flucht der Blumen vor der Hitze des Sommers bezeichnet. Wie im Bilde des März tritt in diesem Monatsbilde mehr als sonst die intime Beziehung zwischen den bildlichen Typen und dem Tetrastichon hervor. Nur die Sichel, oder wenn man will die Fackel, bleibt von dem Tetrastichon unerwähnt. Die Lilie würden wir wie die Blume im Bilde des Mai als bedeutungslos übergangen haben, hätten uns die Verse nicht direct auf sie hingewiesen. Das fehlende Distichon lautet nach dem Sangallensis:

Junius ipse sui causam tibi nominis edit,
Praegravida attolens fertilitate sata.

Davis beschreibt von dem von Beulé in Karthago gefundenen, aber leider verloren gegangenen Mosaik auch noch den Juni: »*a little girl, of equal dimensions in deformity, and bearing a basket of fruits*«. Daraus geht nur eines, die Beziehung auf die Früchte der Ceres deutlich hervor. — In dem Mosaik aus Tyrus trägt der Μαιος d. i. der Mai, statt des Kranzes sieben viereckige Edelsteine im Haar. Die byzantinische Kunst folgt dem Schlagworte Heuernte. Wie das Tetrastichon und der Calender giebt auch sie dem Monate bisweilen die Sense oder Sichel in die Hand. In gleicher Weise kommt der Juni auch in der italischen Kunst des Mittelalters vorwiegend als Heumonat zur Geltung: er ist mit der Sense mähend dargestellt. In Arezzo, Lucca, Parma, Otranto und Florenz schneidet er bereits mit der Sichel das Getreide: die *maturas Cereris aristas* des Tetrastichons. In Verona erntet er auf einem Baume sitzend Früchte: Kirschen, wie man aus der Inschrift am Dogenpalast: »*Junius cum ceresis*« entnimmt.

Das Zeichen des Thierkreises fehlt.

Juli. Tafel XXV (Vind. fol. 7). Man sieht einen nackten Mann in Vorderansicht dastehend, in der Linken einen flachen Korb mit Beeren, in der Rechten einen Beutel tragend. Zu seinen Füßen hat er links einen geöffneten Sack oder ein zerbrochenes Gefäß rechts zwei Körbe von der bereits bekannten Form.

Ecce coloratos ostentat Julius artus,
Crines cui rutilos spicea serta ligat.
Morus sanguineos praebet gravidata racemos,
Quae medio Cancri sidere laeta viret.

Die Verse bedingen die Nacktheit des Jünglings und bezeichnen die Früchte in seinem Körbchen als Maulbeeren. Was aber bedeutet der Beutel und der geöffnete Sack oder dergleichen, aus dem ein Haufen von Münzen zu Füßen der Gestalt niederrollt? Sehen wir uns die Gestalt genauer an. In den Proportionen, in der Ausbiegung der linken Hüfte, in der Bewegung der Beine etc. tritt die Anlehnung an einen bekannten griechischen Statuentypus, speciell an denjenigen einer Hermesfigur, für die ich im Augenblick nur den Hermes von Atalanti in Athen als Beispiel anzuführen weiß*), hervor. Und da wir nun beim Mercur sind, ich glaube nicht, daß der Beutel in der Rechten und die Art Sack zu seinen Füßen zur Charakteristik des Monates Juli gehören sollen, vielmehr dürfte der Künstler naiv die Attribute seines Modells mitcopirt haben: den Beutel des Mercur, den dieser als römischer Handelsgott führt und den wir unter den häufigsten Attributen des Planeten gefunden haben. Der geöffnete Geldsack ließe sich auch vielleicht aus diesem Zusammenhange deuten, oder er bezieht sich auf den Ertrag der Ernte. — Das zum Juli gehörende Distichon lautet nach dem Codex von S. Gallen:

Quam bene, Quintilis, mutasti nomen: honori
Caesaris, o Juli, te pia causa dedit.

Der Pentameter findet sich bereits in der Peiresc'schen Handschrift auf dem im Vatican erhaltenen Textblatte wieder.

Für den Monat Juli liefert uns das Londoner Mosaik aus Karthago eine für die Art seines Zusammenhanges mit unserem Calender höchst charakteristische Analogie. Eine in den langen Chiton mit weiten Ärmeln gehüllte weibliche Gestalt lehnt, sich mit dem linken Arm stützend, an einem Postamente. Ihr gegenüber steht auf einer Basis eine

Juli. Mosaik aus Karthago in London.

*) Sybel No. 41. Abg. in der Gaz. arch. 1876 pl. 20. Sedlier scheint dies empfunden zu haben, sein Stich gibt das Original in den Proportionen des Urtypus wieder. Ebenso willkürlich gibt er der Gestalt Ähren in's Haar, wie das Tetrastichon sie vorschreibt.

Schüssel mit Maulbeeren, dahinter ein Baum. Die Gestalt ist beschäftigt die Beeren mit einem Stäbchen aus der Schüssel zu fischen. Was aber ist das Ganze anderes als die passendste Illustration der dritten Verszeile:

Mora sanguineos praebet gravidata racemos.

Dieselbe Stelle illustrirt auch unser Calender. Wie verschieden aber sind beide Darstellungen! Das Mosaik paſst nur zur dritten Zeile des Tetrastichons und führt die Gestalt des Monats handelnd ein: sie iſst die ihr dargebotenen Maulbeeren. Der Calender dagegen bildet eine Statue nach, die er mit all den Kennzeichen ausstattet, welche die Verse vorschreiben: sie ist nackt und hält ein Körbchen mit Maulbeeren. Der Kornschmuck im Haar ist übergangen, vielleicht nur von dem Copisten. Das verbindende Glied ist also, wie schon Sadler angenommen zu haben scheint, in diesem Falle offenbar das Tetrastichon: das Mosaik, sowie unser Calender illustriren es, beide jedoch diesmal völlig unabhängig von einander. Der Calendertypus steht durchaus mit der Dichtung im Einklang, nur sind wie im März die Körbchen, im April die Syrinx, so hier die Attribute seines Modells hinzugekommen. Der Mosaicist dagegen bildet wieder eine Frauengestalt, doch nicht nackt, wie es die Dichtung verlangt, mit der er im Grunde nur das Stichwort Maulbeere gemein hat.

Der Ἰούλιος des Mosaiks aus Tyrus ist ein bartloser Jüngling ohne Attribut, wie die Monate Februar, März und April. Wie für den Juni die Heuernte, so ist für den Juli in den byzantinischen und italischen Kunstwerken charakteristisch die Getreideernte, so auch in dem altathenischen Festcalender, wo im Skirophorion Juni—Juli dem Zeus Polieus die Kornfrucht geopfert werden sollte. In byzantinischen Monumenten weisen die Sichel oder ein paar Halme darauf hin oder der Monat ist worfelnd dargestellt. Ähnlich in der italischen Kunst. Während er in dem Mosaik in Piacenza, am Dogenpalast und nach Aus'm Werth auch in Aosta noch mit der Sichel das Getreide schneidet, ist er in allen übrigen Darstellungen bereits auf der Tenne dreschend beschäftigt; in Perugia worfelt sein Gefährte, wie in dem Bilde des Marcianus, sogar schon den Rückstand. Während jedoch das Dreschen in allen übrigen Darstellungen mit dem Flegel vorgenommen wird, treibt in dem Relief zu Parma ein Knecht die Pferde an, damit sie das auf der Tenne liegende Getreide mit ihren Hufen austreten. In Florenz sind die Genossen, der eine mit dem Rechen, der andere mit der Schaufel beschäftigt.

In den Monaten Juni und Juli zeigt sich somit in allen drei Kunstepochen die gleiche Beziehung zur Ernte, im Juni vorwiegend zur Wiesen-, im Juli zur Getreideernte. Diese Übereinstimmung fällt auf, wenn wir in Betracht ziehen, daſs die byzantinischen Miniaturen am Beginne des Jahres in der Jahreszeit weit zurück waren.

Als Zeichen des Monates sehen wir dann in der Barberina den springenden Löwen (Tafel XXXIII). Auf der Rückseite des Textblattes ist notirt: MENSIS AVGVSTVS. *Qui va la figura del mese d'Agosto, segnata G.* Mit diesem Monate, dem August, setzt die nunmehr ununterbrochene Folge der barberinischen Blätter wieder ein.

August. Tafel XXVI (Barb. fol. 19). Gemafs der genannten Notiz ist das Blatt auf der Rückseite oben und unten mit *G* signirt. Wir sehen einen nackten im Profil nach rechts gewandten Jüngling, der mit beiden Händen eine grofse Schale zum Munde erhebt. Hinter ihm rechts oben ein Gewandstück; wie der Brüsseler Stich deutlicher zeigt, ein Rock mit gemustertem Besatze, gegenüber ein Fächer aus Pfauenfedern. Links zu Füfsen des Jünglings liegen Melonen, rechts steht ein hoher Henkelkrug mit eigentümlichen Zeichen.

Fontanos latices et lucida pocula vitro
Cerne ut demerso torridus ore bibat
Aeterno regni signatus nomine mensis,
Latona genitam quo perhibent Hecaten.

Das ist also in unserem Bilde der jugendliche Monat, der, mit dem ewigen Namen der Macht Augustus benannt, aus krystallener Schale mit ausgetrocknetem Gaumen gierig das frische Quellwasser trinkt, indem er die Lippen tief in das labende Nafs taucht. Ein reizendes Motiv hat der Künstler darin angebracht, dafs er das Kinn durch das Glas hindurchscheinen läfst, ähnlich wie es Pausanias von der Methe des Pausias berichtet[*]. Zum quälenden Durste treibt den Monat die drückende trockene Hitze. Deshalb hat er die Kleidung abgelegt und neben ihm sieht man den Fächer, bereit ihm Kühlung zuzufacheln. Am Boden liegen die reifen Früchte des Monats: Melonen. Zur Erkenntnis der Bedeutung der von dem Tetrastichon nicht begründeten Vase rechts helfen uns die auf derselben angebrachten Zeichen. Denn neben dem hieroglyphisch-conventionellen Zeichen L[*], sehen wir das Stigma, d. i. die Zahl 6, also: Jahr 6. Da die Zeichen schwerlich zufällig sind, so ist anzunehmen, der Künstler habe das Alter des in dem Kruge befindlichen Weines andeuten wollen. In Italien zählt man heute noch die Anzahl der Jahre, während bei uns das Jahr der Ernte gilt. Aus der oberen Öffnung des Gefäfses schlagen nach unserer Zeichnung Flammen, wol eine vom Copisten misverstandene Art Verschlufs. Das dem Monat August unten beigefügte Distichon lautet:

Tu quoque, Sextilis, venerabilis omnibus annis
Numinis Augusti nomina magna geris.

Die Brüsseler Handschrift zeigt die engste Übereinstimmung; sogar die Zeichen am Kruge sind genau dieselben. Wol nur im Stich hat die Gestalt ein Schamtuch bekommen. Etwas geändert zeigt sie der Wiener Codex. Der Jüngling steht von vorn gesehen, hat wieder eine wehende Perrücke, die Schale ist flach und abgekantet und auf dem Kruge ein Schild mit den Buchstaben Z O angebracht.

In dem Mosaik von Tyrus ist der Aûoc wie seine Vorgänger als Jüngling gebildet, doch hat er vor sich zwei sonderbare Characteristica: einen Kreis und daneben eine Spitze, zwei Attribute, die in der byzantinischen Kunst dem März

*) II. 27, 3: wo er die Bildwerke im Heiligtume des Asklepios zu Epidauros beschreibt: [illegible]

*) Gardthausen Griech. Palaeographie S. 259.

eigen sind. Die byzantinischen Miniaturen zeigen gleichmäßig eine halbnackte, nur wenig durch einen weißen Mantel verhüllte Gestalt, die mit der Rechten ein Gefäß zum Munde führt und in der Linken einen Fächer hält. »Hitze« ist das Schlagwort, das dieses Bild illustrirt, genau wie unser Calender. Ja am letzterem finden wir einzelne Motive, wie die Nacktheit, das erfrischende Trinken und den Fächer in Byzanz wieder, was durchaus die bereits im Bilde des Mai naheliegende Vermutung einer Weiterbildung einzelner antik-altchristlicher Motive in Byzanz bestätigt. Hätte Eustathius unser Calenderbild gekannt, er hätte wol die ihm vorliegende Darstellung besser gedeutet, als auf einen »der eben gebadet hat«.

Trat zwischen dem altrömischen und dem orientalischen Kunstkreise deutlich ein Zusammenhang hervor, so findet sich davon in Italien bemerkenswerter Weise wieder keine Spur. Die italischen Monatscyclen bilden für den August einen auf die Ernte bezüglichen Moment: in Aosta drischt ein Mann Getreide, in Verona, am Dogenpalast, in Piacenza, Parma, Arezzo und Florenz treibt er einem Fasse die Dauben auf, in Lucca und Perugia sammelt er die Feigen vom Baume in einen Korb und als Begleiterin sieht man eine mit dem Korbe unter einem Feigenbaume sitzende Frau. In Otranto finden wir den August bereits bei der Weinlese.

Das Zeichen des Tierkreises ist die Virgo (Tafel XXXIII). Sie trägt ein lang herabwallendes Gewand und Flügel, hat das Haar über der Stirn zusammengefaßt und hält in der Linken den Caduceus, in der Rechten die Spica. Diese und die Flügel sind bei Hygin gegeben, der, die Anordnung der Sterne beschreibend, sagt (III, 24): *in utrisque pennis binas, praeterea habet in utrisque manibus singulas stellas, una quae est in dextra manu, major et clarior, ea cum spicis esse dicitur.* — Auf der Rückseite des Textblattes liest man: MENSIS SEPTEMBER. *Qui va l'imagine di settembre, segnata H.*

September. Tafel XXVII (Barb. fol. 20). Auf der Rückseite *H* gezeichnet. Ein nackter Jüngling, den ein über die linke Schulter geworfener Mantel umspielt, wendet sich nach rechts und blickt zurück auf eine Eidechse, die an einen Faden, den er in der Rechten hält, gebunden, sich lebhaft hin und her bewegt. In der linken Hand trägt er einen mit einem Polster bedeckten Korb, aus dem Stäbe mit Querhölzern ragen. Links oben sieht man auf einem anderen länglichen flachen Korbe zwei pyramidal geschichtete Haufen von je sechs Früchten, rechts einen Weinzweig. Aus dem Boden ragen zwei mächtige Gefäße mit breiten Deckeln.

Turgentes acinos, varias et praecoquat uvas
September, sub quo mitia poma iacent,
Captivam filo gaudens religasse lacertam,
Quae suspensa manu mobile ludit opus.

Sich diesen Versen anschließend zeigt unsere Illustration den abgeschnittenen Weinzweig mit der schwellenden Traube, die süßen Feigen auf dem Korbe links oben — welche ganz in der Art dargestellt sind, wie noch heute die Häuerin ihre

Feigen: *sei per un soldo* den Vorübergehenden vorlegt — besonders aber das tierquälerische Spiel, das man auch noch heute in Italien auf dem Lande zu sehen bekommt. Schwerer ist es das vom Künstler zugegebene Attribut, den Korb in der Linken des Monats zu deuten. *Cassinetti* nennt der Italiener die auf ein Polster gesteckten Stöcke, auf welche er die Eulen setzt, welche die armen Singvögel heranlocken und ihm dieselben so für seinen Bratspiefs einfangen helfen sollen. Solche *cassinetti* mögen vielleicht auch hier gemeint sein. Auf diese Art würde sich in dem vorliegenden Blatte besonders viel vereinigt finden, was sich in Italien bis auf unsere Tage erhalten hat. Die Gefäfse könnten Öl- oder Weinkrüge sein, die zur Kühlung in die Erde gegraben sind.

Das beigeschriebene Distichon heifst:

Tempora maturis, September, vincta racemis
Velate e numero noceeris ipse tuo[100].

Die Brüsseler Zeichnung stimmt mit unserer fast überein, die Wiener dagegen hat manches anders. So ist besonders der Mantel ganz verschieden und zwar in der Art verwendet, dafs der Körper vollständig nackt hervortritt, im Gegensatz zu Brüssel, wo er wieder zur Bedeckung der Scham benutzt wird. — Der Eulenstock ist zu einem Mörser geworden, aus dem fünf Mohnköpfe hervorragen. Der Korb mit Äpfeln fehlt ganz und die Deckel unten sind zum oberen Gefäfsrande geworden, alles Abweichungen, die uns ein deutliches Beispiel von der geringen Verläfslichkeit der Wiener Copie geben.

Im alten Griechenland bildet man für diese Zeit die Hore, welche den Baumregen bringt; die Lenaia, das Kelterfest, finden später statt. Der macedonische Typus des Mosaiks aus Tyrus zeigt keine besonderen Kennzeichen, vielleicht eine von den übrigen abweichende Haartracht. Die byzantinischen Miniaturen bieten durchgehends denselben Typus: einen Mann, der den mit Trauben gefüllten Bottich auf dem Rücken trägt. In gleicher Weise ist in allen italischen Darstellungen der September Weinmonat: in Aosta, Verona, am Dogenpalast, in Piacenza, Lucca, Otranto und Perugia steht er weintretend in der Kelter, ein Gehülfe trägt ihm in Perugia die Trauben in einem Korbe zu. Nur in Arezzo, wo er die Trauben in einen Korb sammelt und in Parma, wo er sie vom Stocke schneidet, ist er noch mit der Ernte selbst beschäftigt. Die beiden Miniaturen in Florenz vereinigen, wie Eustathius, alle Momente der Weinernte: eine Frau sammelt Trauben, ein Mann trägt sie im Korbe davon, ein dritter schüttet sie in die Kelter und ein vierter tritt den Wein aus, der in einen Bottich abläuft.

Wie wir schon bei den Monaten Juni und Juli beobachten konnten, so vereinigen sich auch im September alle drei Kunstepochen in der Auffassung desselben und bilden ihn als Weinmonat, der römische Kreis fügt dem nur einige ländliche Eigentümlichkeiten bei.

[100]) Nach Bährens. Diesen Versen gegenüber, besonders in unserer Handschrift sieht man, wie recht Scheckl mit seinem scharfen Urteile hat.

Das Zeichen des Tierkreises (Tafel XXXIII), die Wage, hält ein nach rechts gewendeter Jüngling in der ausgestreckten Rechten. Dem Körper dient ein von den Schultern herabfallender Mantel zur Folie. Der die Wage Haltende wäre nach Ampelius (II, 7) Mochos, d. i. derjenige, welcher das Gleichgewicht der Wage entdeckt haben soll und deshalb unter die Sterne versetzt wurde. — Auf der Rückseite des Textblattes liest man von der Hand des Peiresc: MENSIS OCTOBER. *Qui va l'imagine d'Ottobre, segnata 7.*

October. Beim Aufschlagen dieses Monats bekommen wir das vollständige Bild der ursprünglichen Calender-Einrichtung. Links auf Tafel XXVIII (Barb. XXXI, 39 fol. 21) das Bild des Monates mit seinem Namen am Architrav, dem Tetrastichon rechts die Naht entlang und unten der ersten Hälfte des Distichons, auf der Rückseite 7 gezeichnet — rechts auf Tafel XXIX (*Vat. lat.* 9135, fol. 237ᵛ) der Text ebenfalls umrahmt, aber auf andere Art als das Bild, mit der Angabe der Tageszahl am Architrav, dem Bilde des Tierkreises im Felde und dem zweiten Teile des Distichons unter dem suggestus.

Das Bild des Monates zeigt ihn wieder als Jüngling, dessen Körper plastisch aus dem ihn umflatternden Gewande hervortritt. Er schreitet nach rechts hin aus und schwingt in der erhobenen Rechten einen Hasen, die Linke faſst an das obere Ende eines langes Korbes, dessen Deckel an einem Faden hängend am Boden liegt. In der linken oberen Ecke sitzt auf einem Bündel zusammengeschnürter Stäbe, über das ein Fell oder dergl. gebreitet ist, ein Vogel. Darunter hängt an einer Schnur etwas wie ein Käfig. Rechts oben ein flacher Korb mit Früchten, wie in der vorhergehenden Tafel, unten ein anderer hoher, wie in den Bildern der Monate Juni und Juli.

Dat prensum leporem cumque ipso palmite fetus
October; pinguis dat tibi ruris aves.
Iam Bromios spumare lacus et musta sonare
Apparet: vino vas calet ecce novo.

Demgemäſs nimmt der October in unserem Bilde den gefangenen Hasen aus dem Korbe und bietet ihn dem Verlangenden dar. Peiresc sieht in dem Korbe die Falle, in der sich das Wild hat fangen lassen und dürfte damit wol Recht haben. Wenigstens kann ich mir nach einem von Ciampini[***] publicirten Mosaik die Art des Fanges vorstellen. Man sieht dort den Korb der Länge nach mit weit aufgesperrter Öffnung, die durch Schnüre zusammengezogen werden kann, am Boden liegen; Schnecken und Hühner umgeben ihn. Der Hase nun, für die Nacht eine schützende Höhlung suchend, kriecht in den Korb hinein und der am Morgen vorsichtig nachsehende Bauer fängt ihn durch Zuziehen der Schnüre. Im Übrigen werden solche Körbe, oben und unten dicht geflochten, in der Mitte durchbrochen, heute noch in Italien zum Hasentransporte verwendet. Statt der fetten Vögel, welche die zweite

***) *Vet. Mon. Tom.* II Tab. XXXIV, 1.

Verszeile nennt, deutete der Künstler links oben alle die Mittel an, deren man sich seiner Zeit zum Vogelfange bediente. Peiresc allerdings meint, der Vogel sei als Vertreter seiner fetten Brüder hingesetzt. Aber dieser Vogel hat einen gekrümmten Schnabel und behaarte Füße mit scharfen Krallen: es ist der Jagdfalke, das Bündel Stäbe sind Leimruten, das fellartige Zeug ein Netz und der herabhängende Gegenstand ein Käfig: all das Geräte mit dem man auf die *pingues raris aves* Jagd macht.

Der Vogelfang mittelst Leimruten war von Alters her in Übung. Entweder indem man die Leimruten astartig an einer Stange befestigte und durch in Käfigen gehaltene Lockvögel das Wild heranzog, welches sich dann auf die Ruten setzte — oder indem der Jäger selbst nach dem herangelockten Vogel die Leimrute auswarf, um ihm das Fliegen unmöglich zu machen[102]. Hier wird wol eher an die erste Art gedacht werden können. Über die Falkenjagd gibt Victor Hehn[103] Auskunft: »In der Paraphrase von Oppian *de aucup.* 3,5 heißt es: „eine angenehme Jagd ist es, wenn man einen Falken, ἱέρακα, mitbringt und diesen unter einen Busch legt: die kleinen Vögel, οἱ στρουθοί, erschrecken, suchen sich im Laube zu verbergen, schauen aber immer auf den Falken, von der Angst gebannt, wie wenn ein Wanderer plötzlich einen Räuber erblickt und, starr vor Schreck, sich nicht von der Stelle bewegt; der Vogelsteller zieht die Vögel so mit aller Muße vom Baume herab.“ Hier haben wir den Anfang einer noch sehr unvollkommenen Jagd mit Raubvögeln . . . Aber bei Julius Firmicus Maternus, bei Prosper Aquitanus, Sidonius Apollinaris u. s. w. im vierten und fünften Jahrhundert ist die Falkenjagd eine ausgebildete, beliebte und verbreitete Kunst, die ohne Zweifel von den Barbaren herrührte.« — Die auf den beiden Körben liegenden Früchte könnten auch Pilze sein. Für die beiden letzten Verszeilen findet sich auffallender Weise in dem Bilde kein Beleg. — Das Distichon der beiden vorliegenden Seiten lautet in der Bährens'schen Recension:

Octobri laetus portat vindemitor uvas:
Omnia ager Bacchi munere dives ovat.

In der Brüsseler Handschrift ist der Korbdeckel deutlicher, aus den Pilzformen sind Blätter geworden und der Mantel der Gestalt ist wieder über die Scham gezogen. In Wien ist der Hasenkorb durchweg dicht geflochten, der Deckel sehr groß. Aus den Pilzen sind Eicheln geworden, der Käfig fehlt, der Jagdfalke aber ist ziemlich deutlich charakterisirt.

Der macedonische Τρυγητής im Mosaik von Tyrus gleicht bis auf seine einfachere Haartracht vollständig dem vorhergehenden September. Diesem Monat gegenüber äußert sich zum dritten Mal ein intimerer Zusammenhang zwischen der altchristlichen und der spätbyzantinischen Kunst. Einen Hauptteil der Darstellung des Calenders machte die Andeutung aller zum Vogelfange nötigen Mittel aus, und ein Vogelsteller ist es, den alle byzantinischen Miniaturen, übereinstimmend mit Eustathius und den Monatsregeln, darstellen. Und wieder, wie beim Mai und

[102]) Vgl. Zacher im Hermes Bd. XIV S. 430 ff. [103]) Kulturpflanzen und Hausthiere etc. (5. Aufl. 1887) S. 308.

August, zeigt sich in den italischen Darstellungen keine Spur dieser Reminiscenz. In Italien nämlich ist der October säend, wie in Aosta, Parma, Piacenza und Arezzo, oder noch mit dem Weine beschäftigt dargestellt, wie in Lucca und Perugia, wo ein Mann den Wein aus dem Kübel in das Fafs überfüllt, während ein Genosse in Perugia dem Fasse die Dauben auftreibt. Eigenartig sind die Darstellungen am Dogenpalaste, wo der Monat Kraut vom Felde erntet, in Otranto, wo er pflügt, endlich in Verona und in der Miniatur der Laurentiana, wo man Männer sieht, die Eicheln schütteln, welche unten Schweine fressen. Der Genosse in der Miniatur ackert.

Das Zeichen des Tierkreises, welches Peiresc aus Versehen zweimal copirt hat, einmal auf dem Textblatte in der Vaticana (Taf. XXIX), das andere Mal in dem nachgetragenen Gesammtblatte der Zodiakalzeichen (Taf. XXXIII) zeigt den Scorpion in der gewohnten Form. — Die Rückseite des Textblattes trägt die Notiz: »MENSIS NOVEMBER. *Qui va la figura del Novembre, segnata K.*«

November. Auch hier können wir noch einmal die Bildseite Tafel XXX (Barb. XXXI, 39 fol. 22) dem Texte Tafel XXXI (Vat. lat. 9135 fol. 238a) gegenüberstellen. Das Blatt der Barberina ist auf der Rückseite oben mit K gezeichnet.

In dem Bilde sehen wir einen kahlgeschorenen Mann in einer Ärmeltunica, den weiten Mantel um die linke Schulter geschlungen, in der erhobenen Rechten ein Sistrum, in der Linken eine runde Platte haltend, auf der inmitten anderer Gegenstände sich eine Schlange aufringelt; rechts steht auf einem Postamente eine Tierbüste, links sieht man eine Gans und Granatäpfel. Das Tetrastichon erspart uns dieser seltsamen Darstellung gegenüber das Suchen nach der Deutung:

Carbaseos post calvus atrox indutus amictus
Memphidos antiquae sacra deamque colit,
A quo vix avidus sistro compescitur anser
Devotusque satis incola Memphideis.

Wie wir somit in dem Bilde des Februar den Einflufs des Hauptfestes, im Bilde des April die directe Beziehung auf den Venuscult beobachtet haben, so ist dieses Blatt, gleich dem Tetrastichon, ausschliefslich dem Isiscult gewidmet. Dieser Cult, erst unter den Kaisern in Rom eingedrungen, hatte seit Caracalla sehr an Bedeutung zugenommen. Nach unserem Calender dauerte das Isisfest des Herbstes, bei dem in herkömmlicher Weise die Geschichte der Göttin aufgeführt wurde, vom 28. October bis 1. November, wenn nicht auch noch die *Ter novena* und die *Hilaria*, die wir drüben auf der Textseite zum 2. und 3. November verzeichnet sehen, dazu gehörten[141]. Der ganze Monat November mag daher unter dem Eindrucke dieses Cultes gestanden haben und es kann uns nicht wundern ihn auch im Calender so stark hervortreten zu sehen. Der Isispriester, kenntlich an dem kahlgeschorenen Haupte, dem Linnenmantel und dem Sistrum, das er gegen die gierige Gans ausstreckt, die

[141]) Vgl. Preller-Jordan Röm. Myth. II S. 382.

Schlange, um die herum wahrscheinlich Lotosblätter liegen, die Granatäpfel als Zeichen der Fruchtbarkeit, endlich das Tierbild, der ägyptische Anubis, der schakalköpfige Sohn der Isis: alle gehören sie gleicher Weise zu diesem Culte. Peiresc allerdings sieht wenigstens in der Anbringung der Granatäpfel, die im November zur Reife kommen, ein Hereinziehen der Natur des Monates. — Das auf die gegenüberstehenden Seiten verteilte Distichon lautet:

Frondibus amissis repetunt sua frigora mensem
Cum iuga centaurus celsa retorquet eques.

In der Brüsseler Handschrift hat der Priester spärliches Haar und trägt Sandalen an den Füßen. In Wien lehnt er sich an das Postament rechts, hat zwar eine Glatze, aber ähnlich wie Paulus in altchristlichen Bildwerken ein Haarbüschel an der Stirn; von den fünf Granatäpfeln ist nur einer übrig geblieben.

Zu diesem Blatte führt Peiresc selbst in dem beschreibenden Briefe (p. 21, 16) eine Analogie an. Auf einem von Pignorius[109], von dem wir auch Briefe an Aleander in der Barberinischen Handschrift besitzen, publicirten kunstvollen Halme zum Schließen der Wasserleitungsröhren sieht man einen Mann in kurzer Tunica, der, in der Rechten das Sistrum haltend, sich über eine Gans neigt, die auch dort links am Boden sitzt. Aus einer Inschrift: ADELFII schließt Peiresc, daß diese Darstellung nur drei Jahre vor unserem Bilde unter Clodius Adelfius entstanden sei, der nach dem Verzeichnisse der Stadtpraefecten[110] *Magnentio et Gaisone coss.*, welche *Sergio et Nigriniano coss.* folgten, d. i. im Jahre 351 vom VII. idus Jun. bis XV. Kal. Jan. (352) *Praefectus urbis* war.

Wir können noch eine zweite passendere Analogie anführen: das letzte uns erhaltene Fragment der von Davis aus Karthago in das britische Museum gebrachten Mosaiken. Dasselbe zeigt den nach links gewandten Kopf und den mit engem Unter- und weitem Oberärmel bedeckten rechten Arm, wahrscheinlich wieder einer Frauengestalt. Dieselbe hält wie in unserem Calender in der Rechten das Sistrum und die darunter sichtbar werdende linke Hand weist nach abwärts, wahrscheinlich auf die einst dort angebrachte Gans hin. So haben wir auch hier wieder die Anlehnung an das Tetrastichon und die Bewegung der linken Hand zeigt deutlich, daß die Gestalt zu ihrer Umgebung, wie in den Bildern zum März, April und Juli, in engere Beziehung gebracht war, als in unserem Calender, wo einzig der nach dem Priester zurückgewandte Kopf der Gans einen Zusammenhang zwischen der Hauptfigur und den sie umgebenden Attributen herstellt.

November,
Mosaik aus Karthago
in London.

Das Mosaik aus Tyrus zeigt uns im *Mai* zur Abwechslung einmal einen bärtigen Mann mit einer Binde im Haare. Von diesem Monat angefangen tritt in

109) Siehe den späteren Nachdruck: *Laurentii Pignorii Patavini Mensa Isiaca etc.* Amstelodami 1670 Tab. II. 9.
110) Mommsen Abh. S. 626.

der byzantinischen Kunst die Sonderung in zwei Gruppen hervor, die im December und Januar anhält. Im November nämlich zeigt die eine Gruppe, als deren Vertreter Eustathius und der Marcianus auftreten, einen Bauer am Pfluge, die andere Gruppe aber, die Octateuch-Miniaturen, Theodoros Prodromos und Manuel Philes, stellen ihn bereits säend dar. Der altgriechische Festkalender in Athen vereinigt beide Typen im Maimakterion, November—December, indem er den Buzyges am Pfluge neben dem Säemann darstellt. In den italischen Darstellungen ist dem November keine bestimmte Tätigkeit eigen: bald trägt er das Holz für den Winter auf den Schultern herbei, wie in Aosta, bald, so scheint es, am Dogenpalast, in Arezzo, Parma und Florenz, zieht er Knollen aus der Erde, bald auch ackert er, wie in Lucca und Perugia, wo der Genosse mit Säen beschäftigt ist, während er in Florenz Holz in ein Feuer wirft, das unter einem Kessel brennt. In Otranto hält er eine Flasche, zur Seite liegen ihm Stab und Schaufel. In Verona ist er sogar bereits Schweine schlachtend dargestellt.

Die altchristliche Kunst stellt einen Isispriester mit Bezug auf das traditionelle Hauptfest am Beginne des Monats dar. Natürlich verschwindet dieser Typus im Mittelalter. Dabei tritt ein Gleiches ein wie im Januar: die byzantinische Kunst schafft zwei neue Typen, beide auf den Landbau bezüglich, mit den Schlagworten »Pflügen« und »Säen«. In Italien variirt die Darstellung je nach der Lage des Entstehungsortes.

Unter dem Bilde eines Centauren ist das Zeichen des Tierkreises, der *sagittarius*, auf der Textseite (Tafel XXXI) dargestellt. Er spannt den Bogen und hinter ihm sieht man etwas wie eine flatternde Chlamys. Bei Hygin (III, 26) heißt es *spectans ad occasum Centauri corpore figuratur, velut mittere incipiens sagittas.* Die flatternde Chlamys und das erhobene Vorderbein ist durch die Constellation der Sterne gegeben und kommt genau ebenso bereits in dem athenischen Festcalender vor. — Auf der Rückseite desselben Blattes steht: MENSIS DECEMBER. *Qui va l'imagine di Decembre, segnata L.*

December. Tafel XXXII. (Barb. fol. 23). Auf der Rückseite gezeichnet *L.* Eine jugendliche, männliche Gestalt, gekleidet in einen kurzen gegürteten Rock, mit einem Pelzmäntelchen um die Schultern und bis an die Kniee reichenden Schuhen[illegible], steht vor einem, der Form nach metallenen Tische[illegible], auf dem ein Würfelbecher und zwei Würfel liegen. Der Becher ist in unserem Bilde besonders gut copirt: er öffnet sich an der Seite bogenartig zu einer auf die Tischplatte gehenden Treppe. Das ist der antike Pyrgos, in den die Würfel von oben hineingeworfen und durch das Rollen über die Treppe geschüttelt wurden. Der eine Würfel zeigt oben fünf der andere sechs Augen. Der Mann hält seine Rechte mit der Geberde des Sprechens

[illegible]) In dieser Costüm wird der Hirten, auch Christus als guter Hirt, auf christlichen Sarkophagen des 4. und 5. Jahrh. gekleidet. Vgl. Garrucci 304,4. 314,4. 357,4. 375,1 u. a. O.

[illegible]) Vgl. *Notitia dignitatum ed. Seeck* p. 158.

über dieselben. In der linken Hand trägt er eine mächtige Fackel. Links oben hängt eine Maske, rechts ein Bund Vögel, unten zwei Dinge von blattartigem Umriss.

Annua sulcatae conjiciens semina terrae
Pascit hiems: pluvio de Jove cuncta madent.
Aurea nunc revocet Saturno festa December:
Nunc tibi cum domino ludere, verna, licet.

Unser Bild illustrirt nur die beiden letzten Verszeilen. Mitte December, wo mit dem kürzesten Tage die Erneuerung der Natur beginnt, feierte man die Saturnalien: alle Arbeit ruhte, man schmauste und spielte und der Sklave hatte gleiche Rechte mit seinem Herrn, zum Zeichen, dass es unter Saturn's Herrschaft keinen Unterschied gäbe. Darauf spielt die letzte Zeile, darauf auch unser Bild an: ein Verna, der im Hause geborene Sclave, worauf das Costüm zu weisen scheint, spielt Würfel, nach der Dichtung mit seinem eigenen Herrn. Die Maske über ihm und die Fackel deuten auf die tollen Freuden der Saturnalien. Der Bund Vögel oben ist vielleicht ein Hinweis auf die Jahreszeit: der Vorrat des Winters, wonach die blattartigen Umrisse darunter getrocknete Trauben sein könnten. — Das beigesetzte Distichon lautet:

Argumenta tuis festis concedo, December,
Quale sis quamvis annum claudere possis.

Die letzte Verszeile ist auch auf dem einzigen in Bern vom Calender erhaltenen Blatte, dem Texte des Monates December, erhalten. Doch lautet sie etwas anders[108]:

Quae sis quam vis annum claudere possis.

womit, wie bemerkt, der Sangallensis übereinstimmt.

In der Brüsseler Zeichnung ist der Würfelbecher missverstanden, denn es fehlt die seitliche Öffnung und oben sieht man vier Augen. Auch ist die Augenzahl der Würfel geändert, links vier rechts eines. Die Fackel ist kurz, der Bund Vögel fehlt. In diesen Nebendingen stimmt diesmal die Wiener Copie fast besser: der Würfelbecher, wenn auch ohne seitliche Öffnung, ist doch oben offen, die Zahl der oberen Augen der Würfel ist einmal vier, das andere Mal eins. Die Fackel ist wieder lang, die Maske fehlt, die Vögel hängen links. Das Pelzmäntelchen ist mit unschön grossen, verzierten Scheiben geschmückt. Bei diesem Monate wieder können wir so recht sehen, wie hoch die Copie des Peiresc an Treue über den beiden andern steht.

Für die Composition haben wir eine Analogie in einem christlichen Gemälde der Pontianus-Katakombe. Dort sind um Christus als guten Hirten die vier Jahreszeiten dargestellt[109]. Der Winter steht ähnlich wie unser Verna da, neigt den Kopf und hält in der ausgestreckten Linken die Fackel. Statt des Spieltisches steht links ein Herd, gegen dessen Flammen der Jüngling die Hand ausstreckt.

108) Mommsen Abh. S. 530. 109) Garrucci 83,1.

Der 'Αυδναῖος des Mosaiks aus Tyrus zeigt einen Jüngling mit einer Binde im Haare, den Mantel ganz um die Brust geschlagen. In der byzantinischen Kunst hält die Spaltung an: die eine Gruppe bildet den Sämann, die andere einen Jäger mit dem Hasen in der Rechten. Die Monatsregel im Codex des Fulvius Ursinus macht darin eine Ausnahme, daß sie die σῦν ἄγριον erwähnt, und darin glaube ich die Beeinflussung von Italien her documentirt, die auch in der zweiten Gruppe beim Monat Januar, dem Manne mit dem Schweinskopf auf einer Schüssel, hervortritt. Denn in Italien ist der December der dritte in der Reihe derjenigen Monate, die durchgängig in derselben Weise characterisirt auftreten: der April mit Blumen, der September bei der Weinernte, der December, wie noch heute auch in unseren nordischen Volkscalendern, mit dem Schlachten des Schweines beschäftigt, entweder bei der Tötung selbst, wie in Aosta, am Dogenpalast, in Arezzo und in Otranto, oder das an den Hinterbeinen aufgehängte Tier ausweidend, wie in Piacenza, Lucca, Perugia und Florenz, wo der Genosse das Fleisch einsalzt, während er in Perugia das Tier auf den Schultern davon trägt. Eine Ausnahme macht der auch sonst bisweilen eigenartige Cyclus in Parma, wo der Monat als ein bärtiger Mann gebildet ist, der an einem Baume schneidet, sei es um Holz für das Feuer zu schaffen, sei es um die neuen Triebe wegzunehmen. Ähnlich in Verona.

Der den Saturnalien entnommene Typus der römischen Kunst mußte mit dem vollen Durchbruche des Christentums aufhören. In Byzanz folgen sich zwei Typen, in Italien oder besser im Occident tritt ein einziger beherrschend hervor, der auf Byzanz zurückwirkt.

Das Zeichen des Tierkreises, der Steinbock (Tafel XXXIII), ist (Hygin II, 28) als ein langgeschwänztes Ungeheuer mit Ziegenkörper gegeben, dessen Hörner in Wellenlinien steil aufragen. — Auf der Rückseite des Textblattes heißt es: *Qui va l'imagine di Constantio Augusto, segnata M, e nella seguente pagina quella di Constantio Cesare, segnata N.*

Das ist der bürgerliche Calender. Am nächsten berührt uns von den klar zu Tage liegenden Resultaten natürlich die Tatsache, daß wir in dem von ihm gebotenen Monatscyclus kein ἅπαξ λεγόμενον, sondern den monumentalen Hauptvertreter einer ganzen Gattung vor uns haben. Seine Illustrationen, das Tetrastichon, die von Davis und Beulé in Karthago entdeckten Mosaiken, sowie das Fragment im capitolinischen Museum: sie alle schließen sich zu einer Gruppe zusammen, derjenigen der römischen Monatsbilder. Es verlohnt sich der Mühe diesem Kreise prüfend näher zu treten.

Schon ihrer Vollständigkeit halber stehen die Bilder des Calenders und die sie begleitenden Tetrastichen voran. Wir sind bisher von ersteren ausgegangen und haben dem Tetrastichon nur insoweit Aufmerksamkeit geschenkt, als es sich für die Deutung des Bildes notwendig erwies. Fassen wir nun das Tetrastichon für sich näher in's Auge, so ergiebt sich zunächst, daß es keine selbständige Schöpfung ist, sondern nur denkbar erscheint als Unterschrift eines Bildercyclus, genau so wie wir es in unserem Calender angewendet finden. Mustern wir nämlich die einzelnen Verse darauf hin durch, dann resultirt eine Reihe von Stellen, die nur erklärlich sind, wenn man sie als auf eine bildliche Darstellung hinweisend faßt. So | Januar Vers 1: *Hic Jani mensis sacer est, en aspice* u. s. f. | März Vers 1: *Cinctum pelle lupae promptum est cognoscere mensem.* | Mai Vers 2: *Cunctas veris opes ....., aspice, Maius habet.* | Juli Vers 1: *Ecce coloratos ostentat Julius artus.* | August Vers 2: *Cerne ut demerso torridus ore bibat.* | October Vers 4: *vino tuis calet ecce novo.*

Dem gegenüber entsteht nun die Frage: sind die Tetrastichen verfaßt als Unterschriften unserer Calenderbilder oder sind sie älter als diese? Wenn in den Versen zum Bilde des Januar des Hahnes und des Kleeblattes nicht gedacht wird, wenn beim März die Körbchen, beim April die Orgelflöte, beim Mai der Pfau, beim Juni die Sichel (oder Fackel), beim Juli der Beutel, der Geldsack(?) und die Körbe, beim August alle Nebendinge, beim September der Eulenstock und die Gefäße, beim October die Körbe, beim November das Bild des Anubis, beim December endlich der Bund Vögel und die Blätter übergangen sind, so könnten wir dem Dichter in den meisten Fällen nur dankbar sein, daß er mehr Gewicht darauf legte seine vier Verse abzurunden, als darauf alle Einzelheiten der Darstellung getreulich anzuführen. Von dieser Seite ist kein Grund vorhanden die Tetrastichen nicht als für unseren Calender gemacht anzusehen.

Ganz anders aber stellt sich die Schlußfolgerung, wenn wir die Verse nochmals durchgehen und unsere Aufmerksamkeit auf das richten, was etwa nicht durch die Typen unseres Calenders begründet werde oder ihnen sogar entgegen sei. Da wird im April Vers 2.

Lumen turis habet, quo nitet alma Ceres

auf die Cerealien Bezug genommen und ähnlich wie im Bilde des Januar das Flammen des Weihrauchs genannt. Dort sahen wir dafür das Thymiaterion angebracht, hier fehlt jede Anregung des Verses im Bilde. Weniger fällt in's Gewicht, wenn beim Juli Vers 2:

Crines cui rutilos spicea serta ligat

von einem Ährenkranze im Haare der Gestalt die Rede ist, den das Wiener Bild garnicht zeigt. Er könnte immerhin von einem der Copisten des Calenders übersehen sein. Dagegen sollte man bei der im übrigen beschreibenden Art des Dichters nach dem gleich darauf folgenden Verse:

Morus sanguineos praebet gravidata racemos

wol eher einen Maulbeerbaum selbst, wie ihn z. B. das Mosaik aus Karthago zeigt, erwarten, als einen Korb mit Maulbeeren. Vollends unbegreiflich bleibt es, wie unser Septemberbild den Anlaß zu den beiden Versen:

Turgentes acinos, varias et praecoquit uvas,
September, sub quo mitia poma iacent

gegeben haben sollte. Doch mag hier manches auf Rechnung des Copisten zu setzen sein. Am auffälligsten aber ist wol, wie der Dichter unserem Octoberbilde gegenüber zu dem direct auf eine Darstellung Bezug nehmenden: vina vas *calet esse novo* gekommen sein sollte, wo sich doch von einem Weinkruge durchaus keine Spur zeigt. Endlich suchen wir vergebens nach einem Gegenstande in dem Bilde des December, der die Anregung zu den beiden ersten Verszeilen:

Annua sulcatae conectens semina terrae
Pascit hiems: pluvio de Jove cuncta madent

gewesen sein könnte, was um so sonderbarer ist, als doch in dem Bilde außer dem Bezuge auf das Fest der Saturnalien auch derjenige auf die Einschaffung des Wintervorräte vorliegt, den der beschreibende Dichter übergangen hat.

Erinnern wir uns nun angesichts all dieser Widersprüche, auf die mich zum Teil Herr Dr. Koepp aufmerksam gemacht hat, noch dessen, was Baehrens ganz unabhängig von der Vergleichung mit dem Bildercyclus geurteilt hat (vgl. oben S. 49), so werden wir um so sicherer schließen, daß nicht unsere Calenderbilder die Veranlassung zur Entstehung der Tetrastichen gewesen sein können, sondern daß diese Verse älter sein müssen. Da sie sich aber unzweifelhaft auf einen Bildercyclus beziehen, der durchaus in den Kreis aller übrigen bisher bekannten gehört, so entsteht nun die weitere Frage: war der den Tetrastichen zu Grunde liegende Cyclus ebenfalls nur eine Variante des Archetypus oder dieser Urtypus selbst?

Der den Tetrastichen zu Grunde liegende Monatscyclus hat zunächst eines vor allen übrigen Vertretern derselben Gattung voraus: daß er eben von Versen begleitet war, die dem Inhalte der einzelnen Bilder entsprachen. Diese Verse erhielten sich unverändert, als ihre Vorlage bereits in ihrem ursprünglichen Charakter alterirt war. Beweis dafür eben unser Calender. Zweitens läßt sich dieses Vorbild am ehesten unter den erhaltenen Cyclen als gemeinsamer Ausgangspunkt denken. Das beweisen die beiden für den Monat Juli angewendeten Typen. Es scheint als hätte der Zeichner unseres Calenders seinen Juli nach eigener Idee in flüchtiger Anlehnung an das Tetrastichon geschaffen, wenigstens legt diese Annahme ein Vergleich mit der durchaus abweichenden Composition in dem Mosaik aus Karthago (p. 71) nahe, nicht minder die anscheinende Anlehnung an einen bekannten Hermestypus, die soweit ging, daß auch das bezeichnende Attribut des Modells, der Beutel, mit in das Monatsbild aufgenommen wurde. Wenn dem aber so ist, dann steht das Tetrastichon oder seine Vorlage als letzte Quelle im Hintergrunde. Drittens können, wenn wir die Typen des Tetrastichonvorbildes und diejenigen des Calenders einander gegenüberstellen, auch wieder nur erstere, nie letztere die ursprünglichen sein. Das lehrt z. B. ein Blick auf die beiden Monate August und October. Wir haben constatirt einerseits, daß der Dichter den Weinkrug im Bilde des August nicht als Charakteristikon anführte, andererseits in dem Bilde des October ein Weinkrug, auf den sich der Hinweis: vina vas *calet esse novo* beziehen könnte, fehlt. Fragen wir nun ohne Rücknicht auf Bild und Vers, zu welchem Monate der Weinkrug eigentlich passend sei, so ergiebt sich, daſs er im Bilde des August ganz ungerechtfertigt ist: als alter Wein, weil er durchaus nicht zur Kühlung der glühenden Hitze geeignet erscheint, wie ja auch das Tetrastichon ausdrücklich Quellwasser (*fontanos latices*) als Erfrischungsmittel preist, als junger Wein, weil die Ernte desselben erst im folgenden Monate stattfindet. Dagegen ist ein Hinweis auf den jungen Wein sehr wol angebracht im October. Somit trifft in diesem Falle das Tetrastichon allein das Richtige. Sollte nicht auch der Bildercyclus den Weinkrug ursprünglich beim October, etwa an Stelle des Korbs mit Pilzen aufgewiesen haben, von wo ihn später einer der Copisten aus irgend einem Grunde unpassender Weise in das Augustbild versetzt haben würde? Freilich würde die Aufschrift »Jahr 6« dazu nicht stimmen, da das Tetrastichon ausdrücklich »neuen Wein« nennt, der auch allein für den October bezeichnend sein würde. Wollten wir aber die Aufschrift als späteren Zusatz ansehen, so würden wir die Basis der Deutung des Gefäſses als Weinkrug verlieren, wenn nicht die Form desselben allein als bezeichnend erachtet wird.

Damit ist nun allerdings noch nicht gesagt, daſs dieser kürzere Cyclus das Archetypon des ganzen römischen Kunstkreises war. Dies bestimmt nachzuweisen scheint mir mit dem bisher bekannten Material unmöglich. Doch spricht allerdings dafür das Alter der Verse einerseits, wofür ich das Zeugniſs von Baehrens anrufe und das Alter der auf bestimmte Culte Bezug nehmenden Typen andererseits, worauf ich zusammenfassend im letzten Abschnitte zu sprechen kommen werde.

Am Schlusse dieses Abschnittes will ich nun noch diejenigen Ergebnisse zusammenfassen, welche geeignet sind der vergleichenden Kunstforschung einige nicht uninteressante Winke zu geben. Wir haben den römischen Cyclus mit dem späteren byzantinischen und dem italischen verglichen. Wie ich es bereits in dem Spezial-Aufsatze über die byzantinischen Monatscyclen für diese getan habe, so will ich auch hier versuchen eine Tabelle derjenigen Schlagworte zusammenzustellen, mit denen sich die Monatstypen der drei Kunstkreise kurz bezeichnen lassen. Wir werden auf diese Art am besten den in erster Linie maſsgebenden Vergleich nach dem allgemeinen Inhalte der einzelnen Cyclen, d. h. nach ihren Schlagworten, anstellen können.

Schlagworte der Monatscyclen.

	römisch	byzantinisch	italisch
Januar	Laren-Opfer	Hasenjagd, Schweineschlachten	Janus, Kälte, Schmaus
Februar	februa	Kälte	Baumkult, Fischfang
März	Frühling	Krieg	Baumkult, Weide
April	Venusfest	Weide	Blumen
Mai	Blumen	Blumen	Ritterfahrt

	romisch	byzantinisch	italisch
Juni, Juli	Ernte der Saaten.		
August	Hitze	Hitze	Ernte
September	Ernte des Weines.		
October	Hasenjagd, Vogelfang	Vogelfang	Wein, Acker
November	Isiaca	Pflügen, Säen	Acker etc.
December	Saturnalia	Säen, Hasenjagd	Schweineschlachten

Der römische Kunstkreis zeigt ein auffallend starkes Hervortreten der Feste. Das kann uns nicht wundern, wenn wir auf ältere Calender, wie den athenischen Fest-Calender der Panagia Gorgopiko, zurückblicken. Um so seltsamer ist es daher, daß sich in den ausgesprochen christlichen Cyclen, und das sind sowol der byzantinische wie der italische, keine Spur einer Bezugnahme auf die Feste der Kirche findet. Die Erklärung liegt wol darin, daß sich der christliche Monatscyclus unabhängig vom späteren christlichen Calender, dem Martyrologium, entwickelt hat.

Wahrscheinlich war auch der älteste römische Calender, resp. der Cyclus seiner Illustrationen, wie der uns vorliegende griechische, ein reiner Festcalender. Mit dem Schwinden des Götterglaubens schwanden aus dem Calender auch allmählich die ihm entsprungenen Typen und machten solchen Platz, welche der immer engere Anschluß an das Naturleben, wie es wirklich ist, mit sich brachte. In der Kaiserzeit waren, wie wir sahen, diese neuen Typen gegenüber den auf die Feste bezüglichen bereits in der Überzahl. Unser Calender vom Jahre 354 ist bereits ein christlicher, wie ein Blick auf das Titelblatt beweisen wird. Es ist natürlich, daß sich derselbe mit der Zeit dahin ändern mußte, daß die fünf noch bildlich angedeuteten, heidnischen Feste verschwinden und Typen Platz machen mußten, die vom Christentume neu geschaffen wurden.

Man sollte nun erwarten, daß die Kirche den heidnischen Festen christliche gegenüberstellte. Im Gottesdienste scheint das tatsächlich der Fall. Auf den 6. Januar wurde das Fest der Epiphanie verlegt, an Stelle der Februa traten die Fasten, dem Venusfeste im April entspricht das Osterfest, den Isiaca im November wurde der Advent, dem fröhlichen Saturnalien im December endlich das heitere Weihnachtsfest entgegengesetzt. In den bildlichen Darstellungen aber zeigt sich, wie wir gesehen haben, auch nicht die Spur einer Anspielung auf die christlichen Hauptfeste. Anders in der Literatur. Als Karl der Große daran ging den Monaten deutsche Namen zu geben, nannte er den April Oster-, den December Heiligenmonat, während er alle übrigen nach den Jahreszeiten und dem Wechsel in der Vieh- und Ackerwirtschaft, wie Winter-, Lenz-, Heu-, Weidemonat u. s. f. bezeichnete. Ähnlich stellt sich Theodoros Prodromos, ein constantinopolitanischer Mönch des 12. Jahrhunderts, der in seinen in meinem mehrgenannten Einzelaufsatze näher besprochenen Versen ebenfalls im April das Oster-, im December das Weihnachtsfest erwähnt. Beachtenswert ist, daß Ostern beidemale, ich weiß nicht ob zufällig, in den April gesetzt sind. Der Anonymus des Fulvius Ursinus, ein noch späterer Byzantiner, gedenkt im November des Adventes, wenn meine Deutung des Verses richtig ist.

Im Übrigen aber geht die Poesie durchaus Hand in Hand mit der Kunst, ja für Byzanz habe ich sogar nachweisen können, daß die Monatsverse nichts anderes sind, als die poetische Umbildung der hergebrachten bildlichen Typen.

Hergebracht: wo aber haben der byzantinische und der italische Monatscyclus ihren Ursprung? Könnten nicht beide Typencyclen die Weiterentwicklung der Bilderreihe unseres ältesten christlichen Calenders darstellen? Oder herrscht sonst eine Beziehung zwischen ihnen? Eben zur Beantwortung dieser Fragen habe ich die obige Tabelle zusammengestellt. Und da ergeben sich denn Resultate vom höchsten Interesse.

Natürlich müssen, wenn wir auf die erste dieser Fragen eingehen, vor allem die besprochenen fünf Monate, welche auf heidnische Feste Bezug nehmen, gestrichen werden, also Januar, Februar, April, November und December. Dann fallen diejenigen Monate weg, in denen die Jahreszeit von vornherein durchweg die gleichen Beschäftigungen mit sich bringt, also Juni und Juli als Zeit der Saatenernte, der September als die der Weinernte. Es bleiben somit übrig März, Mai, August und October. Das Schlagwort Frühling des römischen Cyclus im März läßt sich zwar bis zu einem gewissen Grade als die Zusammenfassung der beiden italischen, Baumcultur und Auszug des Viehes, ansehen; doch wird ein Blick auf die Typen der beiden Kunstkreise zeigen, daß sie tatsächlich nichts mit einander gemein haben. Die byzantinische Kunst aber geht in diesem Falle ganz ihre eigenen Wege, indem sie ein Nominalbild, den Mars als Krieger, schafft. Überraschend ist daher umsomehr, daß die altchristliche, resp. römische und die byzantinische Kunst in den drei übrigen Monaten die gleichen Schlagworte haben: für den Mai: Blumen, für den August: Hitze, für den October: Vogelfang. Die italische Kunst weicht vollständig ab, hat weder mit der altchristlichen noch mit der byzantinischen etwas gemein.

Das wird bestätigt durch einen Blick auf die Typen. Die altchristliche Kunst umgibt den Jüngling des März mit allen Anzeichen des Frühlings: das springende Böcklein, die geschwätzige Schwalbe, der Milcheimer und das sprießende Grün bezeichnen ihn. Die beiden italischen Typen haben nichts davon: einmal schneidet er die Bäume, das andere Mal stößt er in's Horn. Wie weit die Übereinstimmung gehen müßte, damit der Schluß auf Entlehnung und Weiterbildung nahe läge, zeigen uns die Typen der drei übrigen Monate. Der Mai mit dem Schlagworte »Blumen« wird von der römischen Kunst dargestellt als ein Mann in langem Chiton an einer Blume riechend, die er in der Rechten hält. Die byzantinische Kunst bildet den gleichen Typus, indem sie an dem Chiton festhält, ja die Octateuch-Gruppe zeigt den Mann sogar mit der zur Nase erhobenen Rechten. Die italische Kunst kennt das Stichwort »Blumen« ebenfalls, aber für den April; der Typus dafür stellt einen bisweilen gekrönten Mann vor, der in jeder der seitwärts ausgestreckten Hände einen Blumenzweig hält. — Das Schlagwort »Hitze« kennt nur der römische und byzantinische Cyclus, beide für den Monat August. Beide auch unter demselben Typus: ein Mann, der sich entkleidet hat, aus einem Gefäße trinkt und den kühlenden Fächer bei sich hat. — In gleicher Weise kommt auch das Schlagwort »Vogelfang« nur der römischen und byzantinischen Kunst für den October zu, während es der italischen ganz fehlt. Der Typus des römischen Kreises zeigt einen Mann, der zur Hasen- und Vogeljagd in Bezug gesetzt ist. Hinter ihm hängen alle Geräte, die zu letzterer dienen: Leimruten, darauf der Jagdfalke, ein Netz und ein Käfig. Die byzantinische Kunst zeigt uns den Vogelsteller mit dem Falken auf der einen Hand, in seiner andern einen Stab haltend, an dem die mit der Lockspeise gefangenen Vögel hängen. — Man wird in keinem der drei Fälle vollständige Congruenz, dafür aber eine Ähnlichkeit der Typen finden, die neben der absoluten Übereinstimmung der Schlagworte als der unumstößliche Beweis dafür dienen muß, daß der byzantinische Cyclus in den Monaten Mai, August und October durchaus an den altrömischen, resp. den ältesten christlichen anschließt.

Der byzantinische Cyclus also hängt mit dem römisch-christlichen zusammen. Das ist ganz natürlich und kommt uns nur deswegen unerwartet, weil diese Succession sonst nicht stattfindet. Vielmehr läßt sich für fast alle religiösen Typen erweisen, daß die byzantinische Kunst sie neu geschaffen hat. Hier nun, und das ist ein ganz einziger Fall, haben wir einen profanen Bildercyclus vor uns. Der römische Staatscalender war dem Wesen nach auch der byzantinische, er wurde von Constantinopel übernommen. Das Wesen der christlichen Religion aber in Constantinopel ist ein anderes, als das der alten römischen: der letzteren ist einfache Symbolik, der ersteren sophistische Speculation eigen. Dieser Grundunterschied kommt vielleicht am drastischsten in der bildenden Kunst zum Ausdruck.

Bei der Richtung auf das Ländliche, welche der Monatscyclus schon in Rom genommen hatte, ist es natürlich, daß diese Typen auch dann nicht in andere Bahnen geleitet wurden, als an Stelle des alten Calenders das Verzeichnis der Gedächtnistage der Märtyrer, das Martyrologium, trat. Seine Illustration collidirte nicht mit dem alten Monatscyclus, denn während dessen Typen dem ganzen Monat einen Stempel aufdrücken sollten, ergingen sich die Menologien und Martyrologien darin zu jedem einzelnen Tage mit unerschöpflichem Gleichmut neue scheußliche Mordscenen zu bilden[111]. Die Typen des Monatscyclus entwickelten sich ungestört weiter. Wir kennen die einzelnen Phasen dieses Processes nicht. Der byzantinische Cyclus ist uns nur in der Gestalt, die er seit dem 11. Jahrh. hatte, bekannt. Seit 354 waren somit etwa 700 Jahre vergangen. Kann es uns da Wunder nehmen, wenn an Stelle des Frühlingsbildes des März in diesem langen Zeitraume der Mars-Krieger getreten ist? Es ist uns jedoch gegönnt wenigstens die Weiterentwicklung verfolgen,

[111]) Vgl. für diese Sonderung z. B. die späteren geschnittenen Bauerncalender (Alois Riegl Die Holzcalender des Mittelalters und der Renaissance in den Mitt. d. Inst. f. österr. Geschichtsforschung Bd. IX., Heft 1.).

den Eintritt eines neuen Typus, den des Schweineschlachtens, mit dem 11. Jahrh. ungefähr beobachten zu können. Woher dieser genommen wurde, ist jetzt nicht mehr schwer zu erweisen: aus dem Occident, wie wir mit einem Blick auf den italischen Cyclus, wo das Schweineschlachten für den December stereotyp ist, sehen können.

Das entgegengesetzte Schauspiel der byzantinischen Entwicklung, bietet die italische. Sie hat mit der römischen durchaus nichts gemein. Und mit der byzantinischen! Ein vergleichender Blick auf die Tabelle sagt uns: der italische Cyclus ist vollständig unabhängig, nicht nur von dem römischen, auch von dem byzantinischen; er ist eine selbständige Schöpfung. Vom Janus, vom Schmausen, von Baumkultur und Fischfang, von Ritterfahrt und Schweineschlachten weiſs weder Rom, noch das Constantinopel bis um das Jahr 1100 etwas. Dagegen erzählen uns davon die deutschen und französischen Monatscyclen. Und sonderbar: man sehe S. 38f. die chronologische Zusammenstellung der italischen Monumente: Pavia, Aosta, Piacenza, Verona, Cremona und der Dogenpalast stehen an der Spitze: das ist Oberitalien, die Lombardei. Dort zuerst begegnen wir im 11. und 12. Jahrh. Monatscyclen. Erst später finden wir sie nach dem Süden fortschreitend in Toscana. Der Ikonograph macht im Allgemeinen die Beobachtung, daſs Italien unter dem Einflusse der byzantinischen Typik steht. Nur die Lombardei bildet vereinzelt, wie z. B. im Typus der Taufe Christi, eine Ausnahme. Unteritalien, das Exarchat und Venedig sind fast rein byzantinisch. Mittelitalien schwankt; bis jetzt sahen wir es, sobald die Äuſserung aller localen Kunstübung fehlte, dem byzantinischen Einflusse anheimfallen. Das geschieht immer in religiösen Gegenständen. Der Monatscyclus aber ist ein profaner und ich kenne in Italien nur eine Monatsreihe, die byzantinisch ist, die an S. Marco von Venedig. Sonst sind alle Monatscyclen lombardisch. Da nun überdies Oberitalien auch chronologisch voransteht, der Süden folgt, so ist der Schluſs, daſs Italien in diesem Falle dem lombardischen Einflusse, statt dem byzantinischen gefolgt sei, natürlich. Es wird nur noch zu untersuchen sein, ob der lombardische Cyclus autochthon oder ein nordischer Sproſs ist, und ob die Cyclen in Unteritalien von Oberitalien oder von den Normannen abhängen.

Die obige Untersuchung hat zu dem Ergebnisse geführt, daſs wir im Süden drei Monatscyclen zu unterscheiden haben, von denen der eine aus einem zweiten herauswächst, der dritte von beiden unabhängig ist. Die Mosaiken in Sur zeigen weder mit dem römischen, noch mit dem byzantinischen, noch endlich mit dem lombardischen Kreise einen Zusammenhang. Sie gehören einem Culturkreise an, der von der altchristlichen Kunst des Occidents unabhängig ist: dem syrischen. In der Kunst zeigt sich dieser das eine Mal (Bibel des Rabula) schlicht nach den evangelischen Erzählungen componirend, in unserem Falle aber, wo ein solcher Anhaltspunkt fehlt, von einer wenig günstigen Seite. Die Mosaiken sind leblos, ohne Inhalt. Man könnte die Monatsnamen bis auf einige wenige Ausnahmen vertauschen: die Bilder würden ebenso recht und schlecht zu ihnen passen. Das ist ungefähr die Art eine gröſsere Reihe gleichartiger Glieder darzustellen, wie man sich etwa in der ältesten griechischen Kunst die Bildung der neun Musen zu denken hat; der beigefügte Name allein charakterisirt, genau so wie in der Verfallzeit bei den Figuren der Städte und Provinzen in der *Notitia dignitatum*.

Im Lateinischen ist die Literatur der Monatsverse im Mittelalter nicht so eng mit der Kunst verknüpft, wie im Griechischen. Die Verse haben hier zumeist astronomische oder astrologische Bedeutung, ohne irgendwie auf eine bildliche Darstellung anzuspielen[illegible]. Die von Janitschek[illegible] erwähnten Monatsregeln der Schule von Salerno[illegible] sind, ebenso wie die den Cyclus des Theodoros Prodromos begleitenden, rein hygienischen Inhaltes. Als Vincentius von Beauvais allgemein bekannt wurde, standen gewiss auch bereits im Norden die Typen des Monatscyclus fest. In jedem Falle dürfte gerade in dieser Richtung die Autorität des Vincentius nicht anzurufen sein, da er wol alle antiken Schriftsteller aussieht, aber zu keiner bestimmten Zuteilung der Monatsbeschäftigungen durchdringt[illegible]. Beachtung verdient dagegen ein Monatsspruch, der, im Norden sehr häufig wiederkehrend, die Schlagworte eines Monatscyclus gibt und lautet:

Poto, ligna cremo, de vite superflua demo,
Do gramen gratum, mihi flos servit, mihi pratum,
Foenum declino, messes meto, vina propino,
Semen humi jacto, pasco sues, immolo porcos.

DIE BEIDEN FÜRSTEN.

So nennt Peiresc zwei Gestalten, welche, wie er an Aleander schreibt (12, 38), das Ende des ganzen Werkes bilden und unmittelbar hinter dem Calendarium auf zwei Seiten folgen, die sich, wenn man den Band öffnet, gegenüberstehen. Und da er später (13, 1 u. 3) hinzufügt: der erste sitzt, der andere steht, so ist die Anordnung und Reihenfolge beider genau bestimmt. Diese Fürstenbilder sind uns in der Barberina (Ms. fol. 13 und 14) erhalten: Tafel XXXIV und XXXV. — Auch sie sind in jener charakteristischen Umrahmung angebracht, die wir von den *Natales Caesarum* an bei allen Blättern beobachteten. Hatte schon bei dem bürgerlichen Calender constatirt werden können, daß das architectonische Schema dieser Rahmen gegenüber demjenigen der *Natales Caesarum* und der Planeten einfacher und wenigstens constructiv denkbar erscheine, so hat es sich hier durch den Wegfall der über den Giebelseiten aufsteigenden Lünetten noch mehr vereinfacht und auf diese Weise ganz den Aufbau einer antiken Tempelfaçade bekommen, wie wir ihm so häufig auf den Consulardiptychen begegnen[illegible]. Das Ornament allerdings ist reicher als auf den Diptychen, doch das bringt schon die Verschiedenheit der Technik mit sich. Den *suggestus* schmückt der Mäander. Die sorgfältiger ausgeführten Pilaster

[illegible] Vgl. Muratori *Rer. Ital. script.* II, II p. 1027 ff. und p. 1035 ff. Valentinelli *Bibliotheca manuscripta ad S. Marci Venetiarum* III p. 117 nach dem *Cod. lat.* 173 u. a. O.

[illegible] Gesch. d. deutschen Malerei S. 130.

[illegible] Publicirt in der *Gazette médicale* 1840 p. 551 ff.

[illegible] *Speculum doctrinale* VI cap. XLVIII ff.

[illegible] So z. B. gleich auf den frühest datirten, dem des Probus v. 406, des Felix von 428 u. s. f. Vgl. W. Meyer Zwei Elfenbein-Diptychen der k. Staatsbibl. zu München. Katalog No. 1 und 2.

sind bedeckt mit demselben übereinandergestellten Dreiblatt, wie wir es beim Monate November an derselben Stelle gesehen haben. Die Architrave, wahrscheinlich auch für bezeichnende Inschriften bestimmt, sind leider leer geblieben. Im Giebel sehen wir, wie bei den Monatsbildern, die Muschel, darüber einen Streifen nach oben hin umgelegter Kreisblätter, einen zweiten mit dem Flechtornament und die Seiten herablaufend das Wellenornament. Den First und die Enden des Giebels zieren ausgebauchte Akanthusblätter, die auf dem Bilde rechts zum Teil vergessen sind. — Außer der Analogie im Grundschema des architectonischen Gerüstes haben diese beiden Tafeln aber noch mehr mit den Diptychen gemein. Wie wir bisweilen auf letzteren neben dem Giebel zwei Scheiben mit den Brustbildern der Kaiser finden, so haben wir solche Scheiben hier, nur ausgefüllt von einem System von Radien, die sich von sphärischen Kreissegmenten nach einem Kreise in der Mitte ziehen.

Das innere Feld wird als Innenraum gekennzeichnet durch auf beiden Seiten vom Architrave herabfallende, mittelst bauschiger Knoten zurückgezogene Vorhänge, eine Charakterisirung des Locals, wie sie uns wiederum auf Diptychen nicht fremd ist[117]. In diesem Gemache nun sehen wir auf der linken Blattseite eine Gestalt im Triumphalgewande thronend. Die unterste Tunica, welche bis über die Wade herabfällt, hat lange, enge Ärmel, die an der Hand streifenartig verziert sind. Darüber liegt eine zweite, welche den Körper in weichen Falten umschließt und am unteren Ende, wie man am linken Knie sehen kann, mit einem breiten edelsteingeschmückten Saume besetzt ist. Um diese beiden Untergewänder erst schlingt sich die Trabea. Man sieht den Umwurf unter dem rechten Arme hervorkommen, dann sich verbreiternd nach der linken Schulter und über diese weg um den Hals nach der rechten Schulter ziehen, wo jedoch nur ein geschmückter Zipfel aufliegt. Dann fällt sie von beiden Schultern im Rücken herab, legt sich um den Leib und ist vorn aufgerafft und über den linken Arm geworfen. Außer diesem Umwurf sieht man aber noch einen breiten Streifen, welcher die Brust und den Leib herabläuft. Beide Teile sind reich mit Edelsteinen besetzt, die in ovale oder viereckige in Gold gestickte Felder gefaßt sind. Im Haare trägt der Triumphator ein Diadem von romboedrischen und elliptischen Edelsteinen. Dieses und der das Haupt umschließende Nimbus kennzeichnen ihn als Kaiser. Die Füße sind mit Schuhen bedeckt, welche durch einfach sich kreuzende Riemen befestigt werden. Sie ruhen auf einer Basis, die an der Vorderseite mit einem Streifen von abwechselnden Kreisen und Romben geschmückt ist, einem Ornament, das wir immer wieder in der Elfenbeinsculptur, wie auf Diptychen und an der Maximians-Cathedra finden. — In dieser Weise sitzt die Gestalt auf einer unklar zur Darstellung gebrachten *sella curulis*, streut aus der geöffneten Rechten zum Zeichen ihrer Freigebigkeit Goldstücke auf den Boden und hält in der Linken den *Sceptro*, der nach Peiresc mit einer Büste, die Helm und Schild hat, gekrönt ist. Es ist dieselbe Form des Scepters, wie sie auf einem Sarkophagrelief im Campo Santo zu Pisa und auf dem Relief

[117]) So auf dem des Felix (M. 2) und dem des Probianus (M. 44).

einer Basis in Villa Doria-Pamfili in der Hand des Kaisers und, wie U. Koehler dazu bemerkt hat, in der Hand des Magistrats auf dem Diptychon der Lampadier[118] erscheint.

Die zweite Gestalt auf der Blattseite gegenüber, welche ebenfalls das Triumphalgewand trägt, ist stehend dargestellt. Sie hat genau dieselben Kleidungsstücke, wie die thronende Gestalt drüben. Doch lassen sich die einzelnen Teile besser verfolgen. Die untere enge Ärmeltunica zeigt deutlich die beiden seitlichen Purpurstreifen. Die obere, weitere Tunica ist mit eingestickten Figuren geschmückt. Wir sehen am linken Arm eine Büste mit Nimbus, am unteren, unter der Trabea hervorkommenden Ende eine Ellipse mit undeutlicher Innenfigur. Um die Hüften zieht sich jener Zinnenstreifen, den wir schon beim Sol als Muster verwandt sahen und der auch die beiden Vorhänge unserer Bilder schmückt. Der Umwurf der Trabea schlingt sich in genau derselben Weise wie drüben um den Körper, nur ist sein Ornament ein anderes, indem in großen Ellipsen und Vierecken figürlicher Schmuck angebracht ist: auf dem quer über die Brust laufenden Teile ein Drache und eine nackte Gestalt mit Speer und Schild, auf dem Leibe eine Büste, eine nackte weibliche Gestalt mit Flügeln u. s. w. Den Rand ziert ein Rankenornament. Auch der zweite Teil der Trabea, der breite Streifen, den wir hier deutlich am Halse ansetzen und die Brust herablaufen sehen, hat solchen figürlichen Schmuck, wie wir auf der Brust an dem nackten Krieger mit Helm, Schild und Lanze sehen können. Das Diadem fehlt, doch ist der Nimbus vorhanden. In der ausgestreckten Rechten hält die Gestalt die auf einem Täfelchen aufstehende Nike, welche sich mit dem Palmenzweig in der Linken nach links hinwendet und in der Rechten die Corona erhebt. Der linke, nur wenig aus der Trabea hervortretende Arm des Triumphators hält ein Scepter mit einer Krönung wie die auf der andern Seite. Die Schuhe sind ebenfalls durch sich kreuzende Riemen befestigt, doch zieht sich um ihren oberen Rand ein Wulst mit flatternden Bändern. Links zu Füßen liegt, wie in den Bildern der Roma und Constantinopolis und sehr häufig auf Diptychen, ein goldstrotzender, geschlossener Sack. Die Beigabe dieses Attributes erklärt sich aus einer byzantinischen Sitte, für die wir z. B. in dem Ceremonialbuche des Constantin Porphyrogenitus passende Illustrationen finden. Wenn die Herrscher bei der großen Procession in die Sophienkirche nach der Communion im Metatorium gefrühstückt hatten und sich nach dem heiligen Brunnen begaben, so nahm der Kaiser unterwegs τὰ χρυσᾶ βαλάντια, die *saccos largitionales* entgegen und verteilte sie unter die Bedürftigen[119]. Auf Ähnliches spielt wol auch der thronende Kaiser auf der gegenüberstehenden Seite an.

Was uns an diesen beiden Gestalten zunächst fesselt, das ist die Trabea.

[118] Dütschke A. B. in Oberitalien I, n. 3. *Mon. dell' Inst.* VI. VII, tav. LXXVI, 1–3. *Ann. dell' Inst.* XXXV 1863 p. 203 ff. Das Diptychon bei Gori *thes. vet. dipt.* II, tav. 16.

[119] *De cerimon. aulae byzant.* ed. Bonn. 18, 18: [illegible]

W. Meyer hat (a. a. O. p. 23ff.) zuletzt versucht diese Tracht zu charakterisiren und ihre Bestandteile sicher zu stellen. Vor Allem kommt er zu dem Resultate, daß der über die Brust herabfallende Streifen ein vom Umwurfe gesondertes Stück sei. Er nennt beide Teile einfach Umwurf und Streifen, und ist der Ansicht die ganze Tracht, der obere Leibrock mit dem Streifen und dem Umwurfe, sei unter der Trabea zu verstehen.

In demselben Jahre 1876, in welchem Meyer seine Arbeit publicirte, wurden beim sog. Tempel der Minerva Medica zwei Gewandstatuen gefunden, welche jetzt unter No. 29 und 30 im Kuppelsaale des Conservatoren-Palastes stehen. C. L. Visconti, in seiner Publication derselben[illegible], glaubt in ihrer Kleidung den fabelhaften *»cinctus Gabinus«* gefunden zu haben; doch hat er dabei manches übersehen. Zunächst, daß die beiden Statuen außer dem Umwurfe, der hier ohne Stickerei, also einfach purpurfarben zu denken ist, auch noch den charakteristischen Streifen haben. Man sieht ihn, selbst in der veröffentlichten Phototypie von der linken Schulter herablaufen und knapp über dem Saume der oberen Tunica aufhören. Noch deutlicher aber ist er am Rücken bemerkbar, wo er unter dem nach der rechten Schulter herüber gezogenen Umwurfe hervorkommt und ungefähr bis an die Hüften herabhängt. Soweit haben wir deutlich die beiden von Meyer geschiedenen Teile: den Umwurf und den Streifen. Dazu das Obergewand, folglich die Trabea. Visconti nun, der den Streifen übersah, behauptet der Überwurf wäre der *cinctus Gabinus*. Und dieser sei wol zu unterscheiden von der Trabea »welche, wenn Meyer, wie es scheine, richtig gesehen habe, wol an festlichen Tagen einen Teil der Consular-Toga bildete, aber dennoch von dieser ganz unabhängig war, indem sie aus einem gestickten Purpurstreifen bestand, der, vielleicht auf die Tunica aufgenäht, vorn hervortretend meist über die linke Schulter ging und über den Rücken lief[illegible], nach Art der bischöflichen stola«. Meyer a. a. O. p. 24 sagt gerade das Gegenteil. Aber abgesehen von diesem Mißverständnisse: das Consulargewand ist bei Claudian an mehr als zwanzig Stellen die Trabea, ebenso bei Ausonius. Der *Cinctus Gabinus* wird hie und da einmal genannt, läßt sich aber an der einzigen Stelle (*de III cons. Honor.* 3), wo er als Consulargewand gefaßt werden könnte, mit der Trabea identificiren. Überhaupt scheint dieser *cinctus Gabinus*, von dem Ausonius gar nichts weiß, ein unklares Phantasiegebilde des Claudian zu sein, anknüpfend an die in guter Zeit so benannte Kriegsgürtung der Toga, welche Prudentius[illegible] an der von Visconti herangezogenen Stelle im Sinne hat.

Diese beiden capitolinischen Statuen sind die einzigen an denen wir die Tracht der Trabea studiren können[illegible]. Zugleich zeigen sie, im Zusammenhange

[illegible]) *Bullettino della comm. arch. com. di Roma* XI (1883) p. 178 zu Tav. III e IV.

[illegible]) *Bull.* p. 11: *»consistendo in una striscia di porpora ricamata, cucita forse sulla tunica, la quale uscendo fuori per davanti, andava generalmente sulla spalla sinistra e girava sul dorso.«*

[illegible]) *Peristeph.* X, 1011—1013.

[illegible]) Herr de Rossi machte mir im letzten Momente noch Mitteilung von einer dritten interessanten Statue im Camposanto der Peterskirche. Ich konnte sie leider nicht mehr sehen.

mit unseren beiden Fürstenbildern und den Darstellungen auf Diptychen betrachtet, eine Art der Trabea, in welcher auf letzteren bisweilen Personen aus der Umgebung des Kaisers oder Consuls auftreten: sie tragen eine vollständig glatte Trabea, ohne jeden Zierrat, von der W. Meyer (S. 26) glaubt, daſs sie, einfach purpurfarben, den obersten Rangklassen der Senatoren zugestanden habe.

Die zweite Art der Trabea mit den in Kreise oder Quadrate eingestickten Goldsternen auf purpurnem Grunde ist die eigentliche Consulartracht, wie wir ihr auf den Diptychen begegnen. Figürliche Stickereien kommen auf ihr nur zweimal vor, auf der des Areobindus v. J. 506 in Dijon (Meyer No. 10) und der des Basilius v. J. 541 in den Uffizien (Meyer No. 32a), in beiden Fällen aber nur auf dem Streifen.

Für eine figürliche Stickerei des Umwurfes dagegen haben wir in unserem Fürstenbilde rechts eines der höchst seltenen Beispiele. Auch Ausonius empfing, als er Consul wurde, vom Kaiser eine Trabea *in qua*, wie ihm Gratian dabei schrieb, »*divus Constantius parens noster intextus est*«. Und von dieser sagt Ausonius gleich darauf: »*haec plane, haec est picta, ut dicitur, vestis*«[116]. Dies ist die *trabea picta*. Es frägt sich nur, ob der *divus Constantius* auf dem Streifen oder dem Umwurf eingestickt war. Jedenfalls bezeichnet der Umwurf, wie ihn unser Bild, in dem, wie wir sehen werden, der Neffe des Kaisers und Cäsar Constantius Gallus dargestellt ist, zeigt, eine besondere Auszeichnung, doch bleibt es ungewifs, ob auch sie nur einer eigenen Rangklasse zustand. Ein ebenso interessantes Beispiel dieser Stickerei haben wir auf dem Diptychon im Domschatze zu Monza[117], in dem man links Galla Placidia mit ihrem Sohne Valentinian III., rechts ihren berühmten Feldherrn Aetius vermutet. Dieser letztere nun ist gekleidet in die kurze Tunica und die Chlamys. Beide Gewänder zeigen figürlichen Schmuck. Auf der Tunica sieht man in einem mit Giebel gedeckten Intercolumnium stets Galla Placidia, erkenntlich an dem eigenartigen Kopfputze. Darüber in Medaillons das Brustbild Valentinians III., der allein in gleicher Weise auf die ganze Chlamys gestickt ist. Die Art der Umrahmung dieser Bildnisse zeigt somit durchaus das Schema unserer Zeichnungen und der Diptychen. Was den Inhalt der Stickereien anbelangt, so macht sich ein charakteristischer Unterschied darin geltend, daſs auf dem Kleide des Cäsars und kaiserlichen Vetters Gallus Figuren, wie es scheint mythologischen Inhaltes, auf dem des Aetius aber die Portraits der Herrscher angebracht sind. Dieses zweite Beispiel würde — die Berechtigung der Deutung vorausgesetzt — die Meinung bestätigen, daſs diese Art des Schmuckes eine ganz besondere Auszeichnung war, denn wir erinnern uns, daſs Aetius, der Sieger in der catalaunischen Ebene, am Hofe von Ravenna zu solchem Ansehen gelangte, daſs Valentinian III., seine Gröſse fürchtend, ihn später mit eigener Hand tötete. — Zu bemerken ist an unserer Zeichnung noch, daſs der Streifen nicht über die Schulter geht, sondern deutlich unter dem oberen Rande der Tunica beginnt, also wol hier auf diese genäht ist. Was sonst auffällt, daſs der Streifen in

[116]) *Ad Gratianum imp. pro cons.* XXI.

[117]) Abg. in den *Annales arch.* XXI zu p. 121-127. Labarte *Les arts industriels* pl. 2, Phot. von Rossi, Milano No. 107.

den Umwurf einsetzt und sein unteres Ende mit der oberen Richtung divergirt, mag wol durch den mehrmaligen Copirprocefs der Bilder verschuldet sein.[139]

Eine vierte Art der Trabea endlich sehen wir an dem Kaiser links. Sie ist in allen Teilen, auf der oberen Tunica, dem Streifen und dem Umwurfe, mit Edelsteinen besetzt, die in elliptische oder quadratische Stickereien gefafst sind. Von dieser, der *trabea gemmata*, wie man sie passend nennen kann, glaube ich, dafs sie einzig dem Kaiser zu tragen zustand. Darauf führt mich Claudian. Wenn dieser den Schmuck der Trabea eines Consuls bezeichnen will, nennt er sie schwer, strotzend von Gold. So wörtlich *de laudib. Stilich.* II, 340: *graves auro trabeas.* Dann *de cons. Stilich.* 198: *Seu circum trabeis fulgentibus aureus ires* und in Prob. et Olybr. cons. 177: *Laetatur veneranda parens, et pollice docto | Iam parat auratas trabeas.* Aber an der einzigen Stelle, wo er die Trabea eines Kaisers beschreibt, *de IV. cons. Honorii* 560ff., gebraucht er den Ausdruck *trabea gemmata*:

Conspicuas tum flore genas, diademate crinem,
Membraque gemmato trabeae viridantia cinctu
Et fortes humeros, et certatura Lyaeo
Inter Erythraeas surgentia colla smaragdos
Mirari sine fine nurus.

Was Claudian hier als besonderen Schmuck des Kaisers lobt, das Diadem im Haare und die edelsteinbesetzte Trabea, haben wir auch in unserem Bilde, welches zugleich das einzige Beispiel dieser Art ist. Über die Persönlichkeit des Kaisers gibt, da ihre Bestimmung eng mit der Datirung des ganzen Calenders, resp. seiner Zeichnungen zusammenhängt, erst der folgende Abschnitt Auskunft.

---

139) Francisque-Michel *Recherches sur les étoffes* I p. 20, 21 führt an, der Bischof Asterius von Amasia im Pontus (um 400) sage, fromme Männer und Frauen hätten evangelische Geschichten, in denen Christus und seine Jünger erschienen, in ihre Kleider weben lassen. (Asterius *Homilia de divite et Lazaro* in dessen *Homiliae* ed. Ph. Rubens (Antverp. 1615) p. 4. Unger Bd. 84 p. 389.) Vgl. auch die Ausführungen Reiske's im Commentar zu Constantin Porphyrogenitus *de cer. aulae byz.* ed. Bonn. II p. 221 unter 76 B 1.

SCHLUSS.

Die stattliche Reihe von Zeichnungen schließt sich zusammen zu einem einheitlichen Ganzen: einem Volkscalender, der alle die Bestandteile aufweist, welche wir noch heute in dem unsrigen wiederfinden können. Die Widmung an Valentinus, wahrscheinlich eine eben in der Mode befindliche Persönlichkeit, welche begrüßt wird in der Art wie es schon die griechischen Vasenmaler mit καλός auf ihren Erzeugnissen zu tun pflegten[1] und wie man heute die Helden des Tages auf dem Titelblatte von Calendern abzubilden pflegt. Doch wäre es auch möglich, daſs der Calender geradezu auf Bestellung des Valentinus gearbeitet wurde. Dann die Vorführung des Reiches in seinen Hauptstädten, entsprechend unseren Angaben über Größe, Einwohnerzahl, Staatswirtschaft, Stand des Heeres etc. Darauf die Acclamation der *Augusti* und die *Natales Caesarum*, letztere ungefähr dasselbe enthaltend, was uns heute die Tafel mit der Angabe der Geburtstage der Mitglieder des kaiserlichen Hauses gibt. Der astrologische und bürgerliche Calender wird heute zusammengezogen, die Monats- und Tages-Regeln an den Rand des eigentlichen Calenders gesetzt. Die beiden Fürsten am Schlusse, wie wir sehen werden, die Consuln des Jahres: eine Art Rechenschaftsbericht über den politischen Verlauf des Jahres, die Vorführung bedeutender Staatsmänner. Diese nahe Beziehung zu den noch heute gebräuchlichen Formen rückt uns die Zeichnungen näher und erhöht unser Interesse, welches wir nun der Frage nach dem Ursprunge dieser Bilderreihe zuwenden.

Die Ansichten über die Zeit der Zusammenstellung unseres Calenders gehen etwas auseinander. Peiresc in seinem ersten Briefe an Aleander (13, 16 f.) nimmt an, daſs die Compilation nach den Vicennalien Constantin's, das ist nach der Gründung Constantinopel's, die erste Composition aber vor dem Tode Constantin's d. Gr. vorgenommen worden sein dürfte. Der Calender sei dann später zur Zeit der Alleinherrschaft des Constantius in der vorliegenden Form umgearbeitet worden und die beiden am Schlusse dargestellten Fürsten seien Constantius selbst und sein Cäsar Constantius Gallus. Dagegen trat Mommsen (Abh. p. 571) auf, als Hauptgrund gegen die Annahme der Darstellung des Gallus anführend, daſs nach der Inschrift SALVIS AVGVSTIS FELIX VALENTINVS in Verbindung mit zwei Gestalten, welche durch den Nimbus als Augusti (denn dem Cäsar habe man den Nimbus auch noch in späterer Zeit versagt) gekennzeichnet seien, hier Constantius und Constans dargestellt sein müſsten und es sonach wahrscheinlich werde, daſs der Calender zwischen 340 und 350 geschrieben wurde und nach Constans' Tode man sich begnügt

---

[1]) Vergl. Studniczka im Jahrbuch des Inst. II, S. 159 ff.

hätte, dessen Geburtstag aus der Reihe der Festtage zu streichen, ohne sonstige Änderungen mit dem Calender vorzunehmen. In der neuerlichen Bearbeitung des Calenders im *C. I. L.* I p. 332 ff. läßt Mommsen jedoch den Einwurf fallen und acceptirt den Cäsar Gallus.

Uns interessirt zunächst die Frage nach der Zeit der Compilation der Zeichnungen. In den *Natales Caesarum* fanden wir in der krönenden Lünette einen Kaiser dargestellt. Aus den darunterstehenden Angaben über die Geburtstage der consecrirten Kaiser ergab sich mit Notwendigkeit, daß dieser Kaiser Constantius II. sein müsse. Denn da von den Söhnen Constantins d. Gr. nur dieser Constantius und überdies als *dominus noster* genannt ist, so kann die Tafel nur zur Zeit seiner Alleinherrschaft (350—61) entstanden sein.

Am Schlusse des ganzen Werkes sehen wir weiter zwei Gestalten, beide im Triumphalgewande, das Haupt vom Nimbus umschlossen. Der Nimbus war seit Constantin d. Gr. für die Kaiser, doch nur für die Augusti allein, wie ich vorerst festhalten will, üblich geworden. Wir hätten somit zwei Augusti vor uns, was dem Resultate, das sich aus den *Natales Caesarum* ergeben hat, zu widersprechen scheint. Ein Blick auf die Zusammenstellung der Zeichnungen läßt nur eine Lösung zu.

Zur Zeit von Constantius' II Alleinherrschaft waren Cäsaren Constantius Gallus (351—54) und Julian (355—60), der spätere Kaiser. Beide waren überdies die letzten Sprossen des kaiserlichen Hauses: die Söhne von Constantin's des Großen Bruder Julius Constantius, somit die Vettern des Kaisers Constantius. Dieser aber hatte selbst keinen Thronerben, so daß die beiden Verwandten, insbesondere sobald sie zum Range eines Cäsars erhoben worden waren, wol vom Volke als seine Nachfolger angesehen worden sein dürften. Wäre es da so ganz unmöglich, daß man, den Augustus und seinen Cäsar neben einander darstellend, auch dem letzteren den Nimbus gab! Wir werden geradezu gezwungen dies anzunehmen.

Denken wir uns, der Calender wäre 340—350 zusammengestellt: am Schlusse sind Constantius und Constans, die beiden Kaiser, abgebildet, in den *Natales Caesarum* erscheint neben dem dn. Constantius auch ein dn. Constans. Wie steht es dann mit der Krönung dieser Tafel? Ist es denkbar, daß, wenn beide Kaiser im Calender als *domini nostri* angeführt sind, nur einer allein auch würdig befunden wurde, über den *Natales* mit Nimbus, Weltkugel und Phönix, von zwei Niken gekrönt dargestellt zu werden? Nun läßt sich ja annehmen, daß diese bildliche Ausstattung bei der zweiten Redaction umgearbeitet worden sei, indem vordem beide Kaiser als Krönung des Ganzen erschienen. Man kann dafür sogar zwei Gründe anführen. Erstens, daß sich aus der Verteilung der *Natales* in zwei Arkaden die Anbringung je eines Bildnisses über jeder Arkade wie von selbst verstehe, zweitens, daß die jetzige Bekrönung doch nur sehr lose mit den Arkaden selbst verbunden sei. Aber alles das zugestanden: läßt sich irgend eine Begründung dafür finden, daß der umarbeitende Künstler sich die Mühe gegeben habe hier an Stelle der alten Krönung mit zwei Kaisern, eine neue mit nur einem solchen anzubringen, während er am Schlusse beide Kaiser stehen ließ, wo es sich doch um gar nichts weiter handelte, als einfach darum, das Blatt mit dem Bilde des Constans zu entfernen!

Wir nehmen dagegen an, die Zeichnungen seien, wie sie uns jetzt vorliegen, erst unter des Constantius Alleinherrschaft zusammengestellt. Die *Natales Caesarum* bedingen das geradezu. Es wird nicht zu den Unmöglichkeiten gehören, und auch Mommsen hat das im *C. I. L.* zugegeben, wenn man annimmt, der Künstler habe dem Cäsar, den er als einen von zwei einzigen Sprossen des kaiserlichen Geschlechtes wol mit Sicherheit für den zukünftigen Kaiser halten konnte, ebenfalls den Nimbus gegeben.

Und es findet sich ein Argument, das diese Annahme weiter unterstützt. Aus der Berücksichtigung der anderen Bestandteile der chronologischen Sammlung, welcher auch unsere Zeichnungen angehören, ergibt sich mit Sicherheit, daß die Mehrzahl derselben in der auf uns gekommenen Redaction im Jahre 354 zusammengestellt sind, weshalb man ja ihren Compilator auch den Chronographen vom Jahre 354 genannt hat. Im Jahre 354 aber waren Constantius und der Cäsar Constantius Gallus Consuln. Der erstere zum siebenten, der zweite seit 352, also zum dritten Male. In unseren beiden Schlußtafeln tragen beide Gestalten das Triumphalkleid des Friedens, die Trabea, zugleich die ausgesprochene Amtstracht der Consuln. Ist es da nicht naheliegend, besonders wenn wir bedenken, daß wir es mit dem Calender eines bestimmten Jahres zu tun haben, anzunehmen, daß die beiden Herrscher, Kaiser und kronprinzlicher Cäsar, hier als Consuln dargestellt sind: in einem Amte somit, in dem sie völlig gleichberechtigt nebeneinander standen, wodurch die künstlerische Licenz beiden den Nimbus zu geben, nur noch begreiflicher wird? Ist nicht auch charakteristisch dafür, daß Constantius das eine Mal in den *Natales Caesarum* als Alleinherrscher in der kaiserlichen Chlamys, das andere Mal als Consul in der Trabea dargestellt ist?

Man hat somit die Wahl zwischen einer Grundredaction von 340—50, die 354 umgearbeitet wurde, wobei der Zeichner sich unerklärlicher Weise die Mühe genommen hätte die Krönung der *Natales Caesarum* umzugestalten, im anderen Falle aber, wo es nur nötig gewesen wäre, einfach ein Blatt zu entfernen, den zweiten Kaiser stehen gelassen hätte — und einer einzigen Redaction der Zeichnungen vom Jahre 354, bei der dem Künstler nur vorzuwerfen wäre, daß er einem der beiden einzigen Sprossen des Herrscherhauses und Cäsar, den er mit dem Augustus zusammen als Consul des Jahres 354 darstellte, ebenfalls den Nimbus gab.

So sind wir auf indirectem Wege zu einer Entscheidung gekommen, die zu einfach ist, als daß eine weitere Discussion nötig wäre. Wir halten sie namentlich Kondakoff gegenüber aufrecht. Bei ihm sind in der russischen Ausgabe die beiden Trabeagestalten Constans und Constantius, der gallische Cäsar, und in der französischen nicht besser ein Constantin II und Constance. Der Calender wäre danach 340 bis 350 entstanden und 364 (in beiden Ausgaben) für Valentinus copirt worden. Dem gegenüber haben wir das Jahr 354 mit Constantius und dem Cäsar Constantius Gallus festzuhalten. Dieser letztere aber kann, was auch Mommsen zugesteht, hier dargestellt sein, obwol er schon im Winter des Jahres 354 seines Amtes entsetzt und hingerichtet wurde, denn der Calender entstand jedenfalls vor Beginn dieses Jahres.

Dies alles zugegeben, erklaren sich aber auch manche Eigentumlichkeiten in der Darstellung der beiden kaiserlichen Consuln. Vor allem scheint es mir durchaus nicht zufällig, daß der voranstehende Consul notwendig der Augustus Constantius sein muß; denn er ist vor dem andern durch zwei specifisch kaiserliche Insignien ausgezeichnet: das Diadem im Haare und wahrscheinlich auch durch die *trabea gemmata*. Überdies ist er thronend dargestellt.

Anders der Cäsar Constantius Gallus. Er steht; sein Haar schmückt kein Diadem und die Trabea ist nicht *gemmata*, sondern reich mit figurlichem Goldschmuck ausgestattet. Daß ihm der Künstler eine Nike in die Rechte gegeben hat, ist, wie der Nimbus, eine an den zukünftigen Kaiser gerichtete Schmeichelei, die sich bei genauerem Zusehen in ganz bestimmten Grenzen hält. Das zeigt ein Vergleich z. B. mit dem Nike tragenden Honorius auf dem Diptychon des Probus vom Jahre 406[1]. Dort halt nämlich Honorius in der Linken zunächst die Weltkugel und auf dieser schwebt die Nike dem Kaiser zu, ihm die *corona triumphalis* reichend. Hier dagegen steht sie einfach auf einer viereckigen Basis und schwebt nicht nach dem Cäsar hin, sondern wendet sich von ihm ab und vielleicht nicht ganz zufällig dem links thronenden Augustus zu.

Unsere Zeichnungen sind also für das Jahr 354 zusammengestellt. Aber wir besitzen sie nicht im Originale. Schon unserem Gewährsmanne Peiresc lagen sie in einer Copie des 9. Jahrh. vor, die allerdings, so sagt er wenigstens von der Schrift (8, 13), wahrscheinlich über dem Autograph aus constantinischer Zeit selbst copirt worden sei. Die Capital-Rustica-Inschriften bestätigen dies, sie werden, obwol zweimal copirt, mit als Belege lateinischer Palaeographie herangezogen werden können. Die Illustrationen selbst, das sagt uns ein Blick, haben unter diesem doppelten Copirprocesse, bei dem der zweite Copist das Original nicht mehr kannte, hinsichtlich ihrer stilistischen Eigenart sehr verloren. Man denke sich nur einen Copisten des 9. Jahrh. unsere Bilder abmalend und darauf im 17. Jahrh. den Künstler der Barockzeit, der nun im Bewußtsein seiner glänzenden Kenntnis der Antike die Zeichnungen seines mittelalterlichen Vorgängers möglichst im Sinne des antiken Originals, naturlich aber nach seiner eigenen Vorstellung desselben, copirt. Damit haben wir bei der Kritik der Zeichnungen stark zu rechnen, vor allem aber wäre es gerade aus diesem Grunde müßig, die Portraits der beiden kaiserlichen Consuln auch iconographisch nachprüfen zu wollen. Im figurlichen Detail, davon hat uns die vergleichende Betrachtung der einzelnen Blätter überzeugt, ist die barberinische Copie wirklich treu copirt, und auch stilistisch hat sie vor denjenigen in Brussel und Wien manches voraus. In jedem Falle aber werden wir gut tun uns Peiresc's schon einmal angeführte, eigene Worte vor Augen zu halten (20, 4): »Die

[1] Meyer No. 1. Abg. z. B. bei Garrucci Tav. 449, 3 u. a. O.

Originale sind nicht viel besser als die an den verstorbenen Aleander gesandten Copien. Dennoch ist es wahr, daß ich stets vorhatte sie, sobald der Commentar vollendet wäre, genauer auf Kupfer zeichnen zu lassen.«

Ob das Prototyp vom Jahre 354 farbig ausgeführt war? Wir sind nicht darüber unterrichtet, in welcher Art die Römer ihre Bücherillustrationen auszuführen pflegten. Wenn Plinius XXXV, 2 erzählt, Varro habe ein Werk herausgegeben, das mit siebenhundert Portraits berühmter Männer ausgestattet war, so ist damit für uns nichts gewonnen, wenn auch z. B. Schnaase (II S. 409) daraufhin die Vermutung ausspricht, daß die Liebhaberei der Bildnisse schon damals vielleicht eine dem Kupferstich ähnliche Erfindung hervorgebracht habe. Das Gleiche gilt Martial's (XIV, 155) Nachricht gegenüber einer mit dem Portrait des Autors versehenen kleinen Pergament-Ausgabe des Vergil. Dagegen beweist die Notiz des Galen[1], daß sich Maler Augenkrankheiten durch das Malen auf weißem Pergament zuzögen, daß zum Mindesten Handzeichnungen gemeint sind, die aber ebenso gut in reinem Umriß, wie farbig gedacht werden können. Von entscheidender Bedeutung in dieser Frage ist eine Stelle, die auch chronologisch unseren Calenderillustrationen näher steht, als die übrigen eben citirten. Eusebius[2], von der Anbringung der Bilder Christi und der beiden Apostelfürsten in heiligen Schriften berichtend, sagt ausdrücklich, sie seien διὰ χρωμάτων angefertigt worden. Auf Miniaturen weisen auch die hie und da in der Wiener Copie erhaltenen Farbenreste. Endlich: wir haben die enge Beziehung zwischen den Monatstetrastichen und den Bildern bei jedem einzelnen Blatte auf's Neue nachweisen können. Die Verse aber scheinen geradezu die Farbe zu verlangen, indem sie von einem dunkelblauen Kleide des Februar, von den gebräunten Gliedern des Julius, den blutroten Maulbeeren u. s. w. sprechen. In der Copie des 9. Jahrh., welche Peiresc vorlag, waren jedoch die Monatsbilder nur mit der Feder allein ausgeführt, wie in erster Linie der nach Aleanders Tode an Pozzo gerichtete Brief (20, 3) beweist, in dem es heißt: »Die Figuren sind einzig in schwarzer Tinte mit der Feder auf Pergament gezeichnet.« Dagegen scheint in dem Prototyp der Wiener Copie Farbe angewendet gewesen zu sein.

Sei dem wie immer. Kondakoff hat unseren Calender jedenfalls mit Recht an die Spitze der Miniaturenhandschriften gestellt. Wenn man bis dahin daran gehen wollte eine Geschichte der Miniaturmalerei zu geben, so begann man mit Handschriften, deren Entstehungszeit zwischen ein bis zwei Jahrhunderten, bisweilen auch noch erheblicher schwankt. So ist es bei den Miniaturen eines Nikander in Paris, die Lenormant ins 11. Jahrh. setzt, aber für Copien nach Originalen des 3. oder 4. Jahrh. ausgiebt, so auch bei den Terenz-Handschriften im Vatican, in Paris und Oxford, die ebenfalls für Copien classisch-römischer Originale gelten. Und diejenigen Handschriften, welche an und für sich Originalschöpfungen sind: die ambrosianische Ilias und der ältere Virgil der Vaticana werden dem 4. oder 5. Jahrh. zugeteilt. Unser Calender läßt derartige Datirungszweifel nicht zu. Es ist das

[1]) Galen ed. Kühn III. 776 (De usu part. corp. hum. X c. 3). Vgl. Friedländer Sittengeschichte Bd. III (1871) S. 151.
[2]) Hist. eccl. VII, 18.

älteste sicher datirte, wenn auch freilich nicht im Originale erhaltene Document der Miniaturmalerei.

Ein besonderes Interesse gewinnt unser Calender noch dadurch, daſs sich der Schreiber desselben genannt hat und daſs wir diesen auch sonst kennen. Auf dem Titelblatte lesen wir in den dreieckigen Feldern zu Seiten der Inschrifttafel: FVRIVS DIONISIVS FILOCALVS TITVLAVIT.

Mommsen hat in seinem öfter citirten Aufsatze (S. 607) im Jahre 1850 hingewiesen auf eine aus drei Fragmenten bestehende Inschrift, welche, aus *S. Martino ai monti* stammend, jetzt im Lateran aufbewahrt wird[1]. Dort lesen wir am linken Rande in übereinander stehenden Buchstaben SCRIBSIT FVRIVS DIOI ... und es lag der Schluſs nahe, daſs wir es hier mit demselben Furius Dionisius zu tun hätten, der unseren Calender titulirte. Derselbe würde nach dieser Inschrift dem Steinmetzen die Vorlage der einzugrabenden Schriftzüge geliefert haben, und wäre nach Mommsen (S. 608) »ein berühmter Kalligraph des 4. Jahrh. gewesen, der seinen Handschriften, wie den nach seiner Vorzeichnung angefertigten Inschriften seinen Namen beizusetzen nicht versäumte«.

G. B. de Rossi baute auf dieser Basis weiter und wagte die Vermutung auszusprechen, dieser Furius Dionisius Filocalus sei es auch gewesen, der die berühmten Inschriften des Papstes Damasus ausgeführt habe. Dieser Papst grub die unter Diocletian halb verschütteten Katakomben wieder aus und schmückte die Märtyrergräber mit metrischen Inschriften. Von diesen sind Reste auf uns gekommen, die alle dieselben schön stilisirten Formen zeigen. Ein guter Teil aber der damasianischen Inschriften wurde in den folgenden Jahrhunderten, insbesondere zur Zeit des Einfalles der Ostgoten vernichtet und wir haben die Erhaltung des Textes von einigen wenigen nur dem Eifer des Papstes Vigilius (ca. 537—555) zu danken, der, »weil ihm der Anblick der Verwüstung schmerzte«, die Katakomben wieder herstellte und zugleich einige Inschriften des Papstes Damasus nach aufgefundenen Bruchstücken erneuern lieſs. Eine dieser restituirten Grabschriften hat bekanntlich de Rossi in der Grabkammer des heiligen Eusebius in S. Callisto ausgegraben und mehr: unter den einzelnen Bruchstücken derselben fanden sich auch solche des Originals aus damasianischer Zeit. Was aber für unsere Untersuchung von der gröſsten Bedeutung ist: am Rande auch dieser Inschrift liest man in übereinander stehenden Buchstaben: FVRIVS DIONISIVS FILOCALVS SCRIBSIT DAMASI PAPPAE CVLTOR ATQVE AMATOT, wobei die Schreibfehler dem Steinmetzen des Papstes Vigilius zur Last fallen mögen[2].

Durch diese Inschrift ist de Rossi's auf Vergleichung der Schriftzüge beruhende Vermutung bestätigt worden: Furius Dionisius Filocalus ist in der Tat der

[1] Reihe III (*Inscriptiones sacrae. Elogia martyrum Damasiana*) No. 8. De Rossi *R. s.* I p. 120. Mommsen l. c., Kraus Realencyclopaedie II S. 44 Fig. 18.

[2] Original in der Katakombe S. Callisto. Copien im Lateran: der Originalfragmente des Filocalus Reihe III No. 3, der Restauration des Vigilius Reihe III No. 4. De Rossi Roma sott. II Tav. III 1 das Original, Tav. IV. unten die Restauration. Roller *Les cat. de Rome* II pl. LXI fig. 3 und 4. Phot. auch von Spithoever in Rom Neg. No. 1811.

Kalligraph des Papstes Damasus. Wir werden der Ansicht Mommsens beistimmen, der ihn die vom Papste verfaßten Inschriften für den Steinmetzen vorzeichnen läßt, nicht der Roller's[1], welcher ihn direct zum ausführenden Steinmetzen machen will. Zwar ist an den wenigen, auf uns gekommenen Resten[2] auch die Technik von bewunderungswürdiger Feinheit und Roller hebt mit Recht die Genauigkeit des Meißelhiebes und den tiefen Schnitt mit scharfen Ecken hervor. Aber das gehört wol zum Lobe des ausführenden Handwerkers. Dem Kalligraphen muß vor Allem angerechnet werden die ebenmäßige Form der Buchstaben, die eleganten Curven, die feine Sonderung der einzelnen Glieder, besonders z. B. beim R, endlich die in ihrer Einfachheit ungemein geschmackvolle Ausschmückung durch kleine Bögen, in welche die Züge verlaufen. Beistehend gebe ich eine Probe nach Roller I, pl. XXXI.

Mehr als den Schreiber in demjenigen, der seine Arbeit in den Steinschriften mit *scribere*, im Calender mit *titulare* bezeichnet, zu suchen liegt auch bei dem Calender kein Grund vor; was uns aber bei diesem doch als das Wichtigste erscheint, ist der bildliche Schmuck und auf diesen wollen wir zum Schlusse noch ein Mal eingehen.

Wir unterscheiden vier Gruppen von Bildtafeln:

I. Das Titelblatt. Es ist speciell für den Calender von 354 angefertigt. Die schildtragenden Putten allerdings wurden nachweislich einem damals allgemein verbreiteten Typus nachgebildet. Die Victoria muß ebenso im Jahre 354 gezeichnet sein, doch erinnerte ich nicht ohne Absicht an ihre Schwestern vom Constantinsbogen. Die *Natales Caesarum* können wegen des in der Lünette allein erscheinenden Constantius auch nur im Jahre 354 gearbeitet sein. Wie wir den Kaiser dort sehen, mit der Weltkugel, auf welcher der Phönix sitzt und mit dem Nimbus um das Haupt, finden wir ihn auch auf Münzen wieder. Die Consuln am Schlusse endlich sind sicher auch im Jahre 354 entstanden; an gleichzeitigen Vorbildern für sie wird es nicht gefehlt haben, wurde doch mit Diptychen, denen

[1] L. c. II p. 74.

[2] Man vergleiche die Zusammenstellung bei Roller l. c. II pl. LXI und I, pl. XXXI (hier abgebildet).

sie nachgebildet sind, ein solcher Luxus getrieben, daſs ein Gesetz vom Jahre 384 ihren Gebrauch lediglich den Consuln gestattete.

II. Die Personificationen der Städte. Sie stehen der ersten Gruppe am nächsten; die Constantinopolis erscheint von zu sehr momentaner Eingebung, als daſs in ihr ein Typus copirt sein dürfte. Sehen wir aber von ihr ab, so legen die übrigen Typen es nahe, anzunehmen, daſs sie sich an ältere Cyclen anschlieſsen.

III. Die Planetenfiguren lassen sich so genau mit den römischen Typen, welche wahrscheinlich schon in republicanischer Zeit, sicher aber seit Beginn des Kaiserreiches feststanden, identificiren, daſs kein Zweifel daran sein kann, daſs diese Typen einfach copirt sind.

IV. Die Monatsbilder. Dieselben stehen in der innigsten Beziehung zu Tetrastichen, welche bisher dem Ausonius zugeschrieben, neuerdings von Bährens, ebenso wie die untergeschriebenen Distichen, wegen der Eleganz und Schönheit des Ausdruckes nahe an's augusteische Zeitalter heraufgerückt wurden. Die kritische Betrachtung des Bildercyclus drängt zu einer ähnlichen Rückdatirung. Auf eine Entstehung weit vor 354 weisen zunächst mit aller Entschiedenheit die fünf auf Feste bezüglichen Monatsbilder. Zum Januar ist ganz unzweifelhaft ein Opfer dargestellt, obwol diese Culthandlungen bereits vor dem Jahre 350 von Constantius und Constans allgemein verboten und ihre Ausübung kurze Zeit darauf mit Todesstrafe bedroht wurde. Der Typus des im Lararium opfernden Vornehmen wird wol nicht viel jünger sein, als die Sitte der zahlreichen Vota am Beginne des Jahres selbst. Zum Februar ist eine vestalische Jungfrau dargestellt, wahrscheinlich im Begriffe das Sühnopfer darzubringen, so daſs für dieses Bild dasselbe gilt, wie für den Januar. Zum April sehen wir einen vor einem Venusbilde Tanzenden, dessen Tracht einen speciell dem Venus-Dienste Zugeteilten vermuten läſst; jedenfalls bezieht sich das Bild auf eines der Venusfeste. Die Darstellung des Monates November geht ganz auf in der Beziehung auf den [illegible] und das Decemberbild ist uns nur verständlich mit Hilfe der Verse, [illegible] *verna* dargestellt ist, der während des Hauptfestes in diesem Monate, d[illegible], mit seinem Herrn Würfel spielt. Diesen fünf Typen gegenüber kann [illegible] der leiseste Zweifel darüber bestehen, daſs sie nicht im Jahre 354, ja nicht [illegible] im vierten Jahrhundert entstanden sind. Mit Ausnahme vielleicht des Nov[illegible]bildes können sie ihrem Inhalte nach ebensogut, wie es Bährens für das Tet[illegible]ichon annimmt, dem 1. oder 2. Jahrh. angehören.

Ein ähnliches Resul[illegible] die vergleichende Zusammenstellung des Tetrastichons mit dem Calender[illegible] von Karthago und denjenigen in Rom. Diese unzweideutig zusammenh[illegible] Cyclen und Typen können nur aufgefaſst werden als Varianten eines und des[illegible] Archetypons. Damit aber eine solche Variation, wie wir sie eingehend bei [illegible] Bilde des März beobachtet haben, möglich sei, muſs für die Schöpfung d[illegible] Urtypus ein gewisses Alter angenommen werden. Alles drängt darauf hin, dieses Archetypon in dem Tetrastichon zu suchen, d. h. anzunehmen, daſs derjenige Bildercyclus, nach dem diese Monatsverse einst geschaffen worden sind, bedeutend älter als alle uns erhaltenen Monumente dieser

Kreises gewesen sei und diese letzteren mittelbar auf ihn zurückgehen. In diesem Falle würde das Tetrastichon den Anfangspunkt, der Calender den Endpunkt einer iconographischen Reihe bilden, in die vermittelnd die Mosaiken von Karthago und Rom, sowie alle andern Einzelbezüge, fallen. Der Zeichner des Calenders hielt sich an den hergebrachten Typencyclus, doch hat er das Verdienst durch enge Anlehnung an das Tetrastichon, dessen Bedeutung er vielleicht gar nicht ahnte, zu größerer Originalität und Reinheit eines Jahrhunderte hindurch wiederholten Schemas durchgedrungen zu sein. Die Achtung vor diesem Zeichner aber steigt, wenn wir mit seinen Leistungen die banausischen Mosaiken provincieller Charakters von Karthago vergleichen.

Filocalus, der Kalligraph des Papstes war Christ. Die Acclamation auf dem Titelblatte ist rein christlich: *Valentine, floreas in deo*, wie das sonst den christlichen Inschriften geläufige *Vivas in deo*[7]. Können aber auch die Illustrationen das Werk eines Christen sein? wir finden in ihnen keine Spur davon.

Der Kunstcharacter ist der des vierten Jahrhunderts: auf der einen Seite völliges Aufgehen in der Reproduction traditioneller Typen, auf der anderen Degeneration überall da, wo irgend die Individualität zur Geltung kommen will, dazwischen aufkeimend der Byzantinismus.

In den Städtefiguren, den Planeten und Monatsbildern fanden wir Repliken überlieferter Typen von verschiedenem Alter, doch in unverkennbar künstlerischer Wiedergabe. Man betrachte ferner die Monatsbilder. Auf sie bezieht Burckhardt, da er nur die Wiener Publication kannte, sein Urteil, es wären darin einzelne wahre Genrefiguren mit ihrer barocken Tracht und Umgebung erhalten[8]. Die Tracht lag nicht in der freien Wahl des Künstlers; sie war ihm durch die bildliche Tradition und die von dieser gegebenen Bezüge auf bestimmte Culte, sowie von dem Tetrastichon vorgeschrieben. Er wußte aber über diese ihm schematisch überlieferten Typen noch einen lebensvollen Hauch zu breiten und einen genrehaften Zug in das Ganze zu bringen. Die Bilder des März, August und October sind voller Freude an der Natur. Man vergleiche damit nur die Mosaiken von Karthago. Ähnlich erscheinen uns die Planeten- und Städtebilder, besonders die letzteren. Trotz der unrichtigen Proportionen des Körpers — der überaus langen Beine, des kurzen Brustkastens und kleinen Kopfes — stoßen sie nicht ab, weil ihre Bewegungen durchaus natürlich sind, der Faltenwurf einfach und ungesucht, die Composition des Ganzen ansprechend.

Zugleich aber kommt ein neues Element entschieden zur Geltung: der mit der Gründung des neuen Roms in die Cultur eintretende allegorisirende, subjective

[7]) Vgl. Kraus Realencyklopädie. V. Schultze Kat. S. 113. Dazu *C.I.L.* III 6019,10; IV 6221; 8616,69 u. 70; VIII 1015,10; 10683,6; 10550; IX 6083,88 mit Monogramm Christi, ebenso 6090,4; 4680; 6090,2 u. 6; X 13; 8059,303; 8072,15 u. a. f. Interessant ist eine Gemme, auf der *vivas in deo feliciter* mit dem Monogramme Christi über einem Jupiterkopfe neben den Köpfen des Apoll und der Diana steht (Du Cange *Diss. de infer. aevi numism.* Rom 1755 c. 24 p. 65. Piper Myth. I S. 196. Unger bei Ersch und Gruber Bd. 84 S. 383).

[8]) Die Zeit Constantin's d. Gr. 1880 S. 270.

Geist des Byzantinismus. Er blickt aus dem Kopfe der Gestalten, besonders aus den Augen, spricht zu uns durch die in dem Spiel der Putten versteckten Anspielungen. Und atmen diesen Geist des Byzantinismus nicht auch in bescheidenerer Form die zwischen die drei Cyclen verbindend eingeschobenen Zeichnungen? Die Nike, die *Natales Caesarum* mit dem Kaiser in der Chlamys, mit dem Heiligenschein, dem Globus und Phönix, vor Allem aber die durchaus im Stile der Diptychen gehaltenen Consuln am Schlusse des Bandes!

Und zu diesen Elementen der Kunstweise gesellt sich ein drittes, in der Decoration der einzelnen Tafeln, besonders den Umrahmungen der Bilder, wie sie mit den *Natales Caesarum* beginnen. Neben dem antikisirenden Geiste auf der einen Seite und dem in einzelnen Figuren aufkeimenden Byzantinismus auf der andern Seite finden wir in den Decorationen Etwas, das dem vierten Jahrhundert besonders eigen ist. In ihnen zeigt sich deutlich, daß das Streben des Künstlers durchaus nicht, wie zum größten Teil im Figürlichen, darauf ging in der antiken Tradition weiter zu arbeiten. Er will neue Schemata haben: die einfach-würdige Gliederung der Tempelfaçade genügt ihm nicht mehr. Wie die mit der allmählichen Herrschaft des Christentums neu anbrechende Zeit das Innere in Aufregung erhält, das Gemüt beunruhigt wird durch das Suchen nach dem Wesen des neuen Gottes und noch nichts weiß von jener klaren Ruhe, aus der allein neue, ewig geltende Formen entstehen, so tritt dieses unruhige Suchen auch im künstlerischen Schaffen hervor: planlos türmt der Zeichner hergebrachte und selbst erfundene Constructionsglieder: Säulen, Architrave, Lünetten, Giebel und auf die Kathete gestellte Dreiecke übereinander. Was jetzt, wie auf den Textafeln des bürgerlichen Calenders, als Krönung auftritt, wird an einer anderen Stelle, in den Planetenbildern als ein friesartiges Zwischenglied verwendet, ob diese Zusammenstellung nun constructiv denkbar ist oder nicht. Und das ist nur das architektonische Schema. Noch bunter treibt er es in der Ornamentation all dieser Teile. Zunächst wird jedes Glied doppelt umrissen und die so entstehenden Streifen dann mit allerhand Motiven: antiken, christlichen und selbst erfundenen rein überwuchert. Was wir von antiken Motiven entdeckten, kommt als Lieblingsornament auch auf Sarkophagen vor. Andere Ornamente sind aus den Malereien der Katakomben bekannt. Das meiste: das umgelegte Kreisblatt, der Wechsel geometrischer Elemente, wie von Kreis, Ellipse und Rombus, die übereinander gestellten Herzformen u. s. f. sind eigene Erfindung. Wo nun bieten sich Analogien für diese zügellos zusammengestellten Gerüste, diese alles bedeckende, bunte Ornamentik!

Mehr als in allen übrigen Lebensäußerungen spiegelt sich die Cultur der Völker in der Ornamentik wieder. Während Literatur und Kunst ein Erbstück der Gebildeten sind, sucht auch der gemeine Mann sein tägliches Leben durch schlichte Ausschmückung seiner Umgebung zu verschönen. Wie der Mythus der Literatur vorangeht und diese wieder in ihm ausklingt, so bereitet das Ornament die Kunst vor und hält nachträglich die Elemente derselben noch fest, wenn die Kunst selbst längst zur Ruine geworden ist. So lebt in dem Decorationssysteme unseres Calenders die Kunst der Antike aus.

Im zweiten, dritten und vierten Jahrhunderte begegnen wir Monumenten, welche sich durchaus als die Vorläufer dieses Decorationssystemes darstellen. Gute Beispiele dafür bieten der Tempel am Clitumnus und die Bauten in Syrien und Spalato, wenn auch noch mit Maßhalten zunächst im architectonischen Grundschema. Zwar der reinen Tempelfaçade begegnen wir immer seltener. An ihre Stelle tritt die Krönung des Intercolumniums mit der Archivolte, die sich zu beiden Seiten in Querlagern fortsetzt, wie in den Planetenbildern. In der Zeit nach Constantin finden wir dann öfter zwischen Säule und Archivolte eingeschoben den Architrav wie in der Ausschmückung der *Natales Caesarum*. Aber eine weitere Verwilderung stellen im Calender die Umrahmungen der Monatsbilder und Fürstenbildnisse dar, und am weitesten gediehen erscheint dieselbe in den Decorationen der Planetenfiguren.

In gleicher Weise schreitet die Entartung des Ornamentes allmählich fort. In den Bauten am Clitumnus, in Syrien, Spalato, an den späteren Sarkophagen und anderen Schöpfungen spätantiker Sculptur ist dasselbe noch einfacher, etwa in der Art der Renaissance des italienischen Quattrocento gehalten. Mit dem Durchbruche des Christentums aber verliert es im Abendlande den letzten Halt und verfällt in maß- und principienlose Manirirtheit. Der Calender liefert uns dafür ein charakteristisches Beispiel aus dem vierten Jahrhundert; zwar nicht das letzte, denn wir können ihr Fortvegetiren so lange verfolgen, bis die christliche Kunst in sich gefestigt ein neues Kleid anlegt, im Orient das Pflanzen-, im Occident das Bandornament.

Das nächstliegende Beispiel bietet uns die syrische Bibel des Rabula vom Jahre 586. Dort haben wir nicht nur dieselbe Willkür in der Zusammenstellung des Decorationsgerüstes, wir stoßen auch auf eine Ornamentation, die sich von der des Calenders nur dadurch unterscheidet, daß bei Verwendung ähnlicher, besonders geometrischer Motive deutlich das Bestreben des Miniators zu Tage tritt, sich ja nie zu wiederholen. Diese Consequenz mußte die fortschreitende Zersetzung haben, die leichte Miniaturentechnik brachte das mit sich. Dagegen hält sich die Elfenbeinsculptur der Folgezeit naturgemäß in bestimmten, maßvolleren Grenzen. Denn wenn wir auch auf den Diptychen genau in dem Geiste unserer Calenderumrahmungen geschaffene Ornamente finden, so hält die schwierigere Technik ihre Mannigfaltigkeit doch in Schranken. — Den letzten mir bekannten Ausläufer dieses Decorationssystems finden wir in der ersten Hälfte des 7. Jahrh. in einem lateinischen Fragmente der Canones des Eusebius in Paris*), wo die Flecht-, Schling- und Herzornamente besonders rein zur Geltung kommen, die architektonischen Schemata aber sich in der immer wiederkehrenden Umrahmung der Canonestafeln erhalten zeigen.

*) *Bibl. nat. No. 256 de l'anc. fonds lat.* Abg. bei Bastard im 1. Bande.

TAFELN

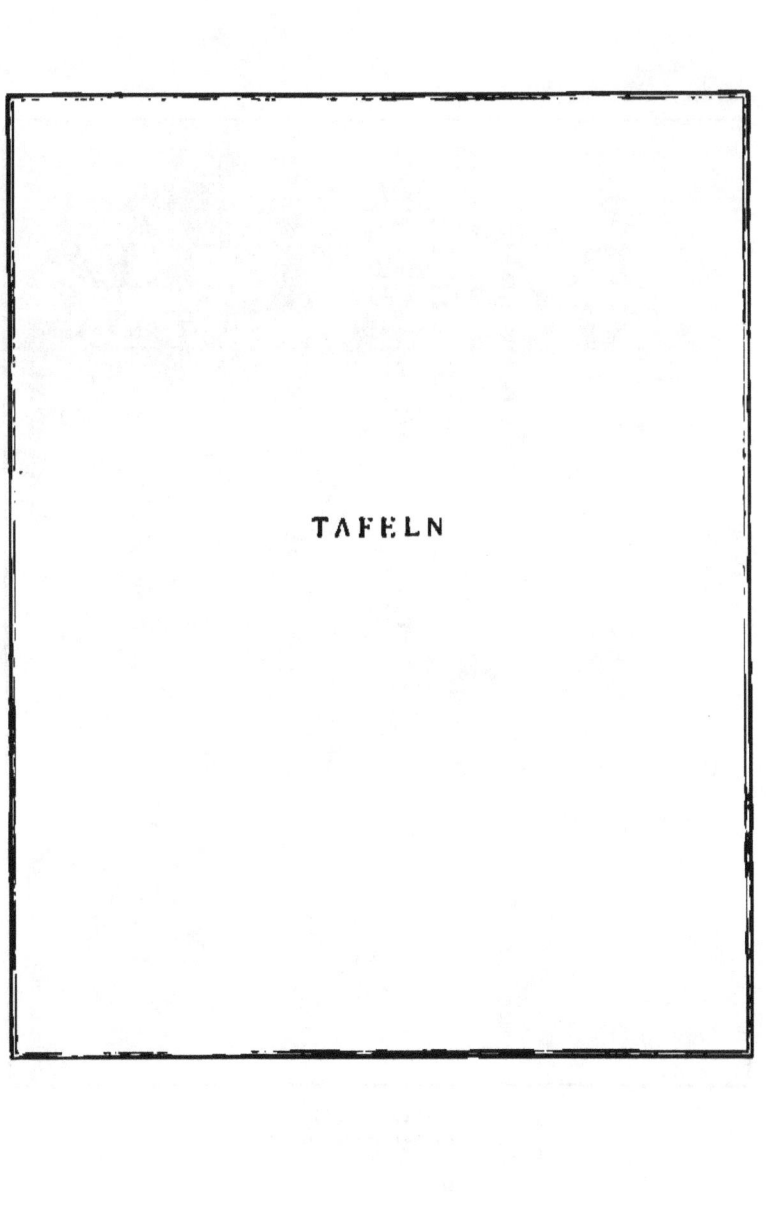

TITELBLATT

(BIBL. BARBERINA - ROM)

IV

ROMA

(BIBL. BARBERINA, ROM)

ALEXANDRIA

(BIBL. BARBERINA, ROM)

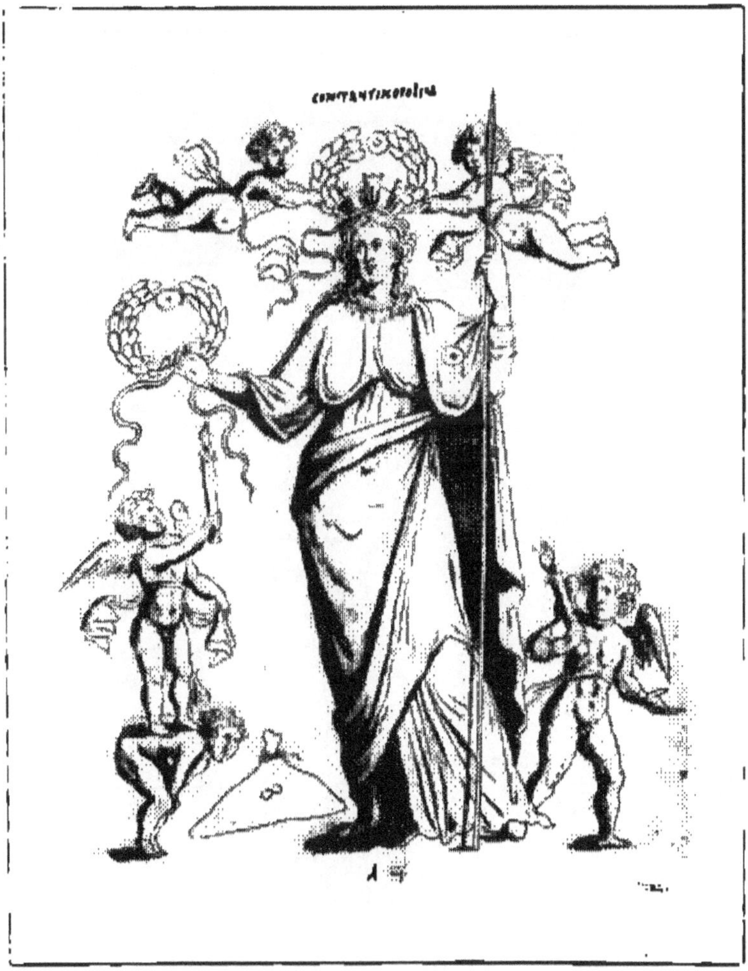

CONSTANTINOPOLIS

(BIBL. BARBERINA, ROME)

TRIER

(BIBL. BARBERINA ROM)

VICTORIA

[illegible]

NATALES CAESARUM
(BIBL. BARBERINA, ROM)

SATURN

(BIBL. BARBERINA, ROM)

MARS

(BIBL. BARBERINA, ROM)

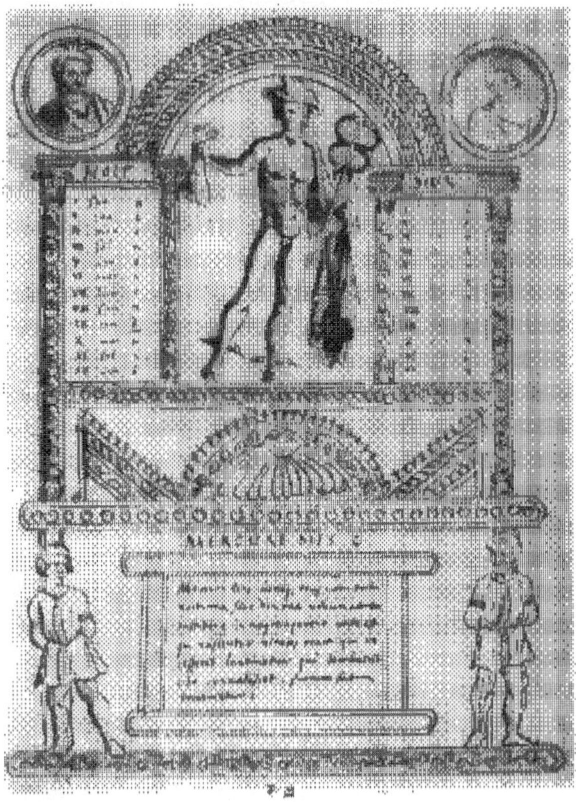

MERCUR
(BIBL. BARBERINA, ROM)

SOL

(BIBL. BARBERINA, ROM)

LUNA

(BIBL. BARBERINA. ROM)

JUPITER
(VERLOREN)

VENUS
(VERLOREN)

TITELBLATT

(VERLOREN)

JANUAR
(K. HOFBIBLIOTHEK, WIEN)

FEBRUAR

BIBL. BARBERINA (ROM)

MENSIS MARTIS

SATURN

(BIBL. BARBERINA, ROM)

MARS

(BIBL. BARBERINA, ROM)

XI

MERCUR
(BIBL. BARBERINA, ROM)

SOL.

(BIBL. BARBERINA, ROM)

LUNA

(BIBL. BARBERINA, ROM)

XV

JUPITER
(VERLOREN)

xvi

VENUS
(VERLOREN)

TITELBLATT

(VERLOREN)

JANUAR
(K. HOFBIBLIOTHEK, WIEN)

FEBRUAR

BIBL. BARBERINA ROMA

MÄRZ

(BIBL. BARBERINA, ROM)

MÄRZ
(K. BIBLIOTHEK, BRÜSSEL)

APRIL.
(K. HOFBIBLIOTHEK, WIEN)

XXIII

MAI

(K. [illegible], WIEN)

JUNI
(K. HOFBIBLIOTHEK, WIEN)

JULI
(K. HOFBIBLIOTHEK, WIEN)

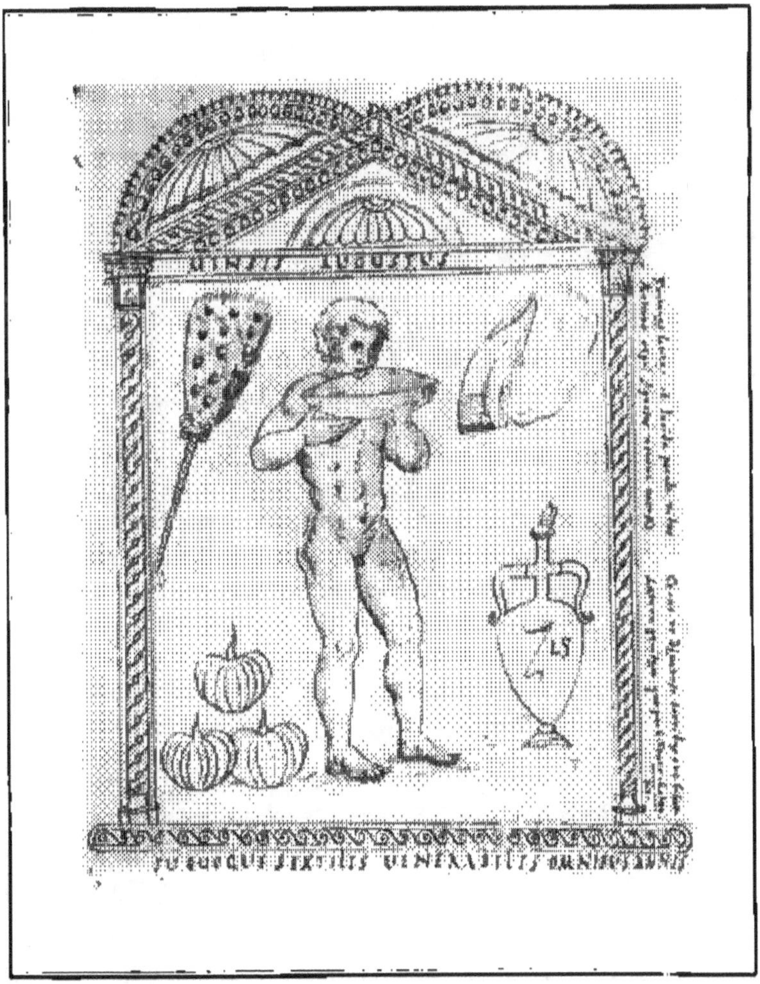

AUGUST
(BIBL. BARBERINA, ROM)

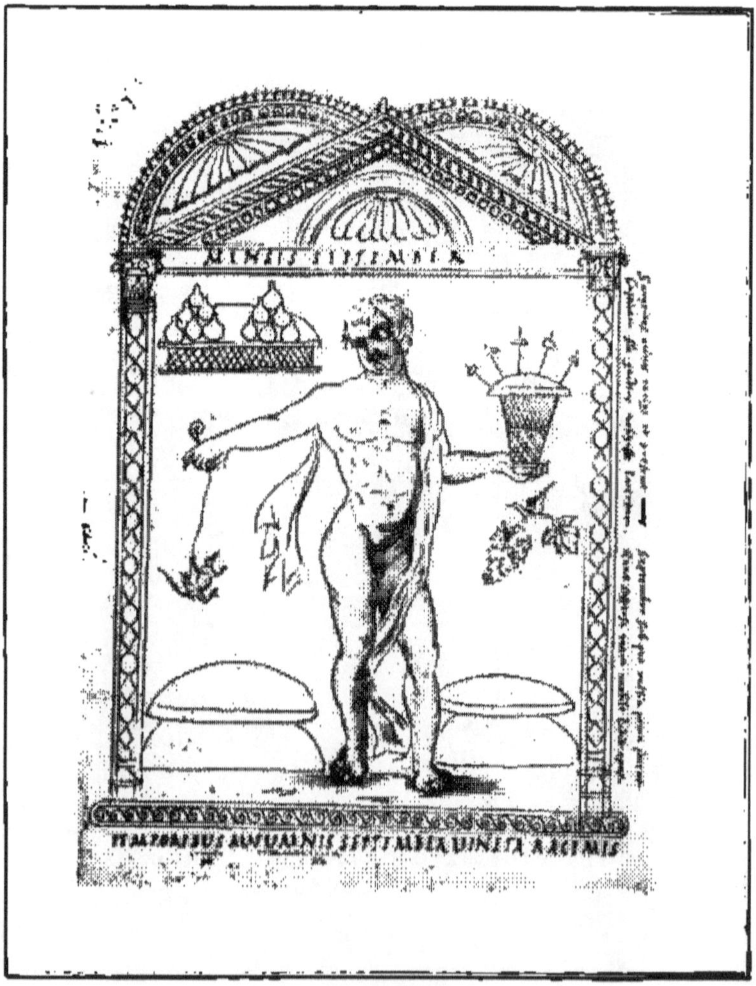

SEPTEMBER
(BIBL. BARBERINA, ROM)

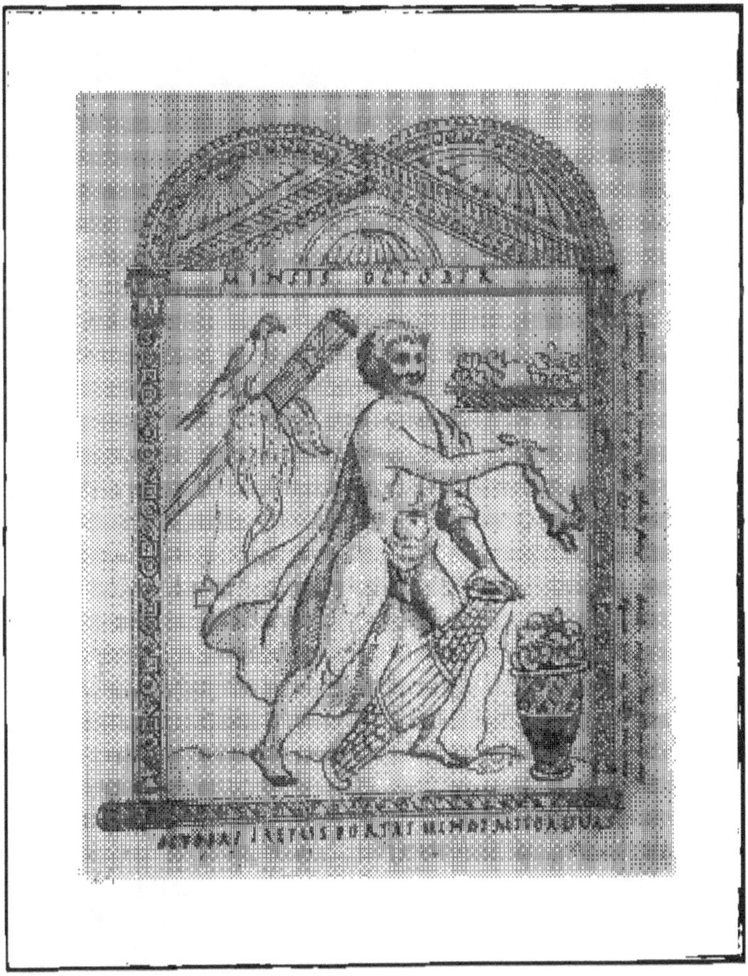

OCTOBER
(BIBL. BARBERINA, ROM)

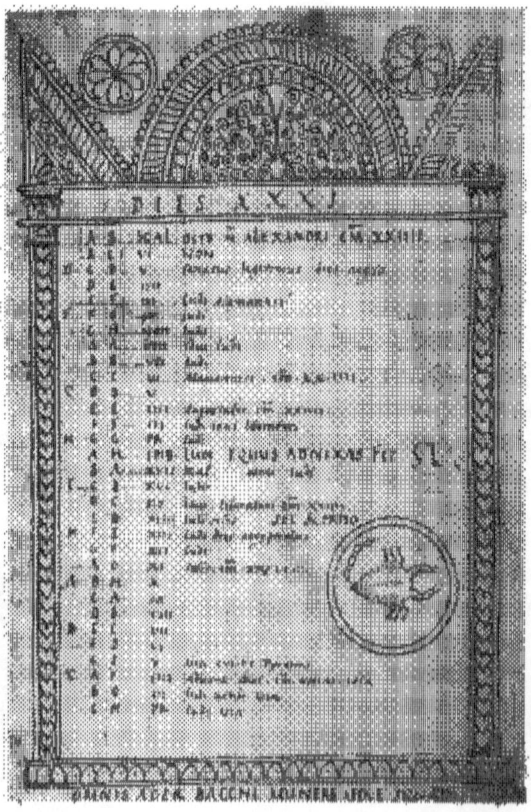

OCTOBER
(BIBL. VATICANA, ROM)

NOVEMBER
(BIBL. BARBERINA, ROM)

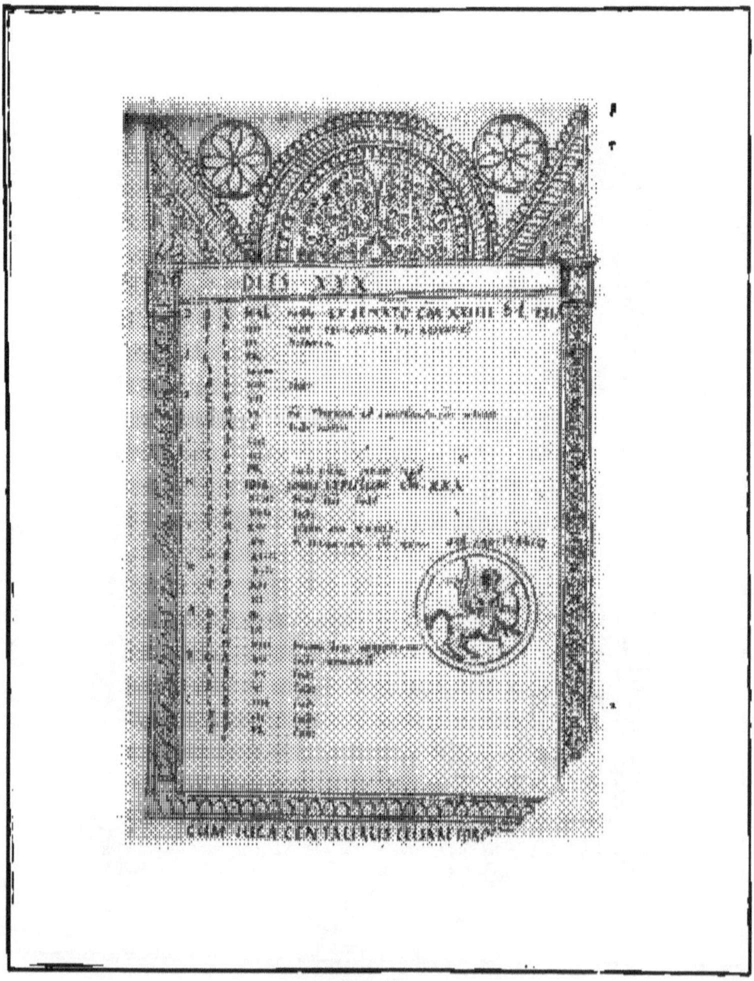

NOVEMBER
(BIBL. VATICANA, ROM)

NOVEMBER
(BIBL. BARBERINA, ROM)

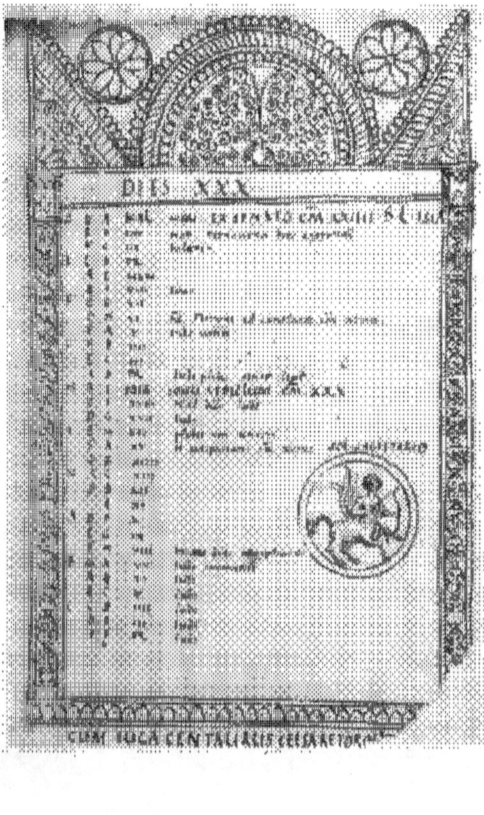

NOVEMBER
(BIBL. VATICANA, ROM)

DECEMBER

BIBL. BARBERINA, ROME

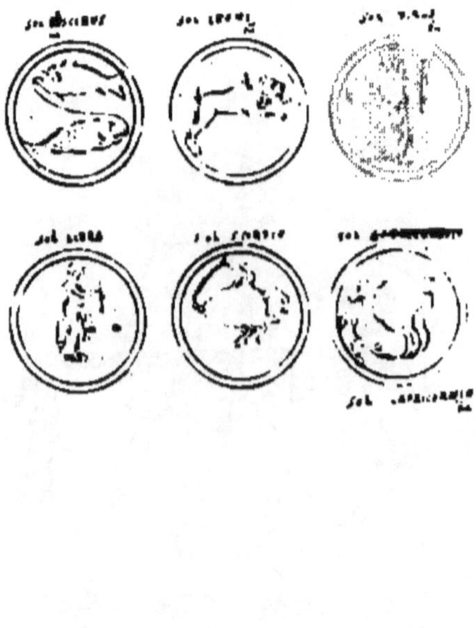

ZEICHEN DES ZODIACUS

(BIBL. VATICANA ROM.)

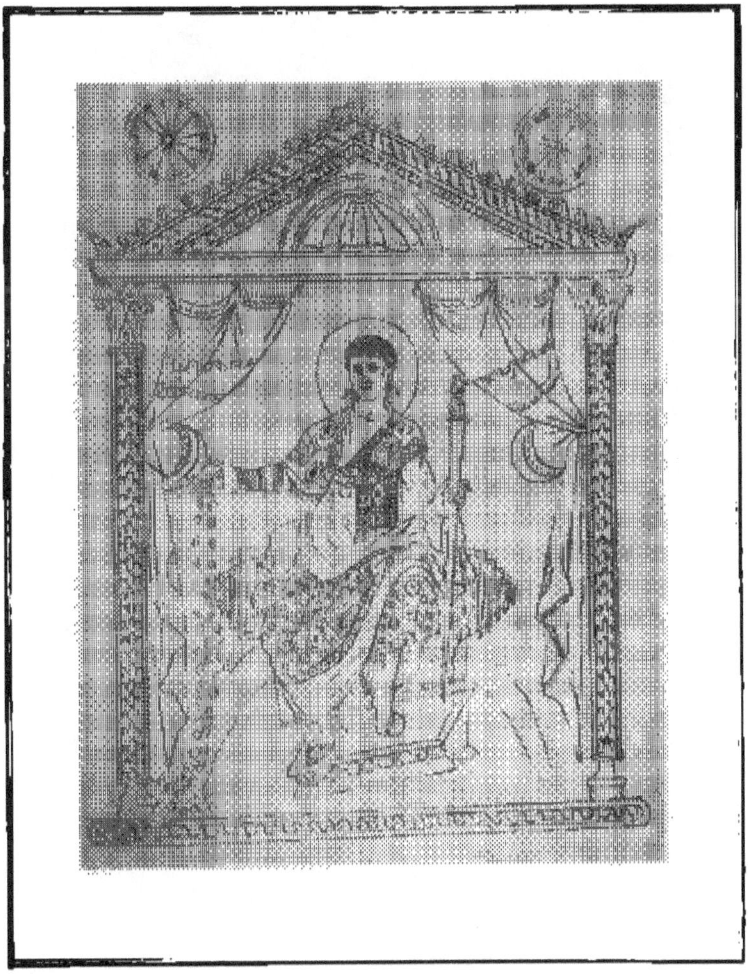

CONSTANTIUS II AUG.
(BIBL. BARBERINA, ROM)

CONSTANTIUS GALLUS CAES.
(BIBL. BARBERINA, ROM)

www.ingramcontent.com/pod-product-compliance
Lightning Source LLC
Chambersburg PA
CBHW030315170426
43202CB00009B/1012
* 9 7 8 3 7 4 1 1 7 0 5 8 4 *